大学生就业及创业能力培养研究

仲诚　张斌　丛玉龙　著

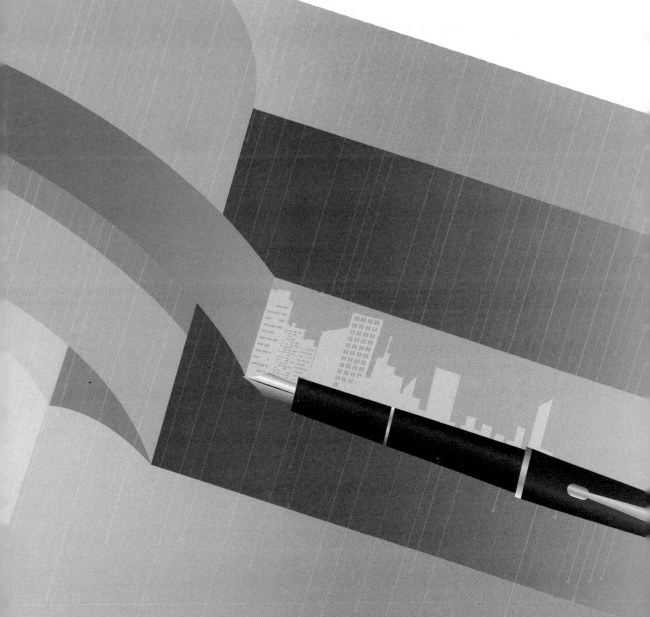

延吉·延边大学出版社

图书在版编目（CIP）数据

大学生就业及创业能力培养研究 / 仲诚，张斌，丛
玉龙著. -- 延吉 ： 延边大学出版社，2023.9
ISBN 978-7-230-05507-9

Ⅰ．①大… Ⅱ．①仲… ②张… ③丛… Ⅲ．①大学生
－就业－研究 Ⅳ．①G647.38

中国国家版本馆 CIP 数据核字(2023)第 179162 号

大学生就业及创业能力培养研究

著　　者：仲　诚　张　斌　丛玉龙
责任编辑：王志伟
封面设计：文合文化
出版发行：延边大学出版社
社　　址：吉林省延吉市公园路 977 号　　　邮　　编：133002
网　　址：http://www.ydcbs.com
E-mail：ydcbs@ydcbs.com
电　　话：0433-2732435　　　　　　传　　真：0433-2732434
发行电话：0433-2733056
印　　刷：廊坊市广阳区九洲印刷厂
开　　本：787 mm×1092 mm　　1/16
印　　张：9.75　　　　　　　　　　字　　数：200 千字
版　　次：2023 年 9 月　第 1 版
印　　次：2023 年 9 月　第 1 次印刷
ISBN 978-7-230-05507-9

定　　价：78.00 元

前　言

随着我国高等教育大众化、用人机制市场化、产业结构调整等进程的不断加快，如何使最具创新精神和创业潜力的大学生群体持续提升就业创业的竞争力，成为高等教育面临的一个重要研究课题。面对竞争激烈的就业、创业市场环境，高校应加大对大学生提前谋划、完善准备择业和就业的指导力度，努力培养大学生成为我国现代化建设的生力军，有效推动"大众创业、万众创新"。

创新创业教育是我国建设创新型国家一系列战略举措的重要组成部分，在新时期，全面推进高校创新创业教育的探索与实践，加强创新创业基础课程的建设，大力培养大学生的创新创业能力，是高校的职责所在，也是时代发展的要求，这对于促进国家发展具有重要意义。

本书内容紧贴时代前沿，结合我国当前高等教育的实际，从大学生就业、创业能力培养出发，概述了大学生就业形势和政策、大学生就业胜任力培养，详细分析了大学生创业教育课程体系构建、大学生创新创业能力开发，并探讨了大学生科技创新与科研能力。在编写过程中，笔者注重内容的实用性、知识性、指导性、操作性和前瞻性，以求真正达到帮助、指导大学生实现择业与创业的目的。

本书在编写过程中结合了学校工作实际和教育教学经验基础，广泛征求了同行的意见和建议，并大量参阅和借鉴了近年来国内外相关的文献和著作资料，在此由衷地向同行和有关作者表示感谢。由于编者水平有限，书中难免存在不足之处，敬请广大读者批评指正。

目　　录

第一章　大学生就业形势和政策

第一节　大学生就业形势

一、当前的就业形势分析

（一）就业结构调整

就业结构，又称社会劳动力分配结构，是指在一定时期内，就业者在国民经济性质不同的部门、行业、地区的构成比例及联系的总称。就业结构不仅反映了一个国家的社会劳动力分布及其利用状况，也反映了一个国家的经济发展水平与方向。就业结构的直接影响因素是产业结构调整、科学技术水平与发展教育水平等。知识经济时代，以高科技信息为主导的新兴产业的崛起，给世界带来了经济领域的革命，知识在这场革命中不仅成为经济的直接驱动力，而且打开了新时代的发展篇章。

1.经济与产业结构调整

我国正在进行经济结构与产业结构的调整，知识经济对产业经济的影响主要表现在四个方面：知识经济在产业经济增长中的主导作用日益明显；知识经济将引起产业结构的大规模调整和产品构成的全方位变化；知识经济将促进企业重构；知识经济的兴起将引起劳动力的结构性转移。

经济结构与产业结构的调整，对当代大学生的知识结构和综合素质提出了更高的要求，要求大学生不断提高自身的能力水平，更好地实现与企业的对接，这样，才能够更好地实现大学生的自身价值，并为企业的发展做出贡献。

2.知识经济与就业革命

工业经济向知识经济转变，一方面，使知识密集型的新产业部门不断涌现；另一方面，使传统的产业部门在改造后知识含量大幅度提高，直接从事生产的劳动力大大减少，从事知识生产和传播的劳动力越来越多。这一变化导致传统就业领域逐渐缩小，知识结构性失业人口不断增加，就业结构调整速度加快，与就业相关的革命正式开始。

随着科技的进步和社会生产力的发展，生产的技术构成不断提高，劳动力需求量相应减少，部分劳动者失业。在市场经济条件下，随时都会有与市场需求不相适应的劳动者被淘汰，或者劳动者为寻求更理想的职业而主动辞职，而拥有新技术的劳动者会被市场吸收。因此，部分劳动者失业是技术构成提高和现代市场经济发展的必然结果。

3.知识经济对人才和教育的要求

知识经济发展，需要新型的知识型劳动力。新型的知识型劳动力是多层次的复合型人才，不仅要了解、熟知自己的就业岗位，而且要有宽阔的视野和深厚的知识积累，在更高层次上为自己的工作价值定位；新型的知识型劳动力是智力型人才，善于对自己的工作实践进行总结，并把实践经验提升到理论高度，从而将其更好地运用于工作实践中。对智力资源的拥有，是新型的知识型劳动力最宝贵的资本。

4.区域经济发展状况的改变

由于历史遗留问题和地理因素等，造成了我国东部、中部、西部的经济和社会发展不平衡，以珠江三角洲地区、长江三角洲地区、环海地区为代表的东部沿海地区的工业经济基础较好，而中西部内陆地区的经济发展水平相对较低。随着各地区发展水平的变化，后续的发展变化将更多地依赖区域间的比较优势驱动，包括自然差异、人文差异、经济差异和组织体制差异等构成的比较优势。在此背景下，能否拉开区域经济水平的差距，取决于各区域如何选择适合本区域的资源条件，并能形成有竞争力的新兴产业。与工业经济高度依赖自然资源的特征不同，知识经济更依赖人力资源的素质和数量对经济发展的推动作用。

知识经济对大学生提出了更高的要求，培养大学生的创新能力是适应社会经济发展的必然要求。

（二）就业环境的改变

经过近些年的建设和发展，我国的大学生就业市场渐具雏形，呈现以下特点：

1.市场主体具有一定的自主权

大学生就业市场主体包括毕业生就业主体和企事业单位用人主体。统招的大学生拥有双向的选择权，可以在全国范围内自主择业。与此同时，用人单位也有相当大的自主择人权，且择优用人已成为共识。企业单位依据企业法招聘录用人才，国家机关根据《公务员法》考核录用公务员，事业单位实行分类管理的用人制度。用人单位接收毕业生逐渐从政府行为变为用人单位与毕业生间的法律行为。

2.以学校为基础的毕业生就业市场基本形成

目前，以学校为基础的毕业生就业市场基本形成，就业指导服务体系也初步建立，可以为毕业生和用人单位提供多方面的指导和服务。与其他各类人才市场相比，以学校为主体的就业市场尽管规模相对较小，但其针对性较强，供需双方专业对口，学校的中介作用可以得到充分发挥。

3.市场机制的作用日益明显

目前，市场机制逐步发挥了其在毕业生资源配置中的基础性作用，大部分高校毕业生进入人才市场，通过"供需见面"和"双向选择"的方式，落实工作单位。

4.不平衡现象依然存在

总体而言，地区、学校、学历与用人单位之间的需求差距逐渐拉大，中西部地区、地方院校、低学历层次的毕业生就业困难，部分传统产业用人单位的需求不足。

（1）学科之间的不平衡。随着技术的进步和社会经济的发展，不同学科专业的毕业生间的就业情况出现了较大差异。据调查，对专业需求明确的职位要求理工科毕业生。比如，通信、电子、土建、机械和自动化等学科专业的毕业生供不应求，而哲学、法学、历史学和社会学等学科专业的毕业生的社会需求则较小。

（2）学历之间的不平衡。社会对毕业生学历层次的要求越来越高，导致高层次、高学历的毕业生争夺大战愈演愈烈。据调查，用人单位对研究生的需求较旺盛，本科生供需基本持平，而低层次、低学历的毕业生就业则越来越困难。

（3）地区之间的不平衡。由于我国各地区经济发展的不平衡，毕业生就业的地域范围比较集中，东部沿海地区、经济发达地区及一些中心城市对毕业生的需求较高，中西部地区对毕业生的需求有所增加，而一些边远省区及经济相对落后的地区对毕业生的需求仍然不足。

（4）院校之间的不平衡。重点大学、名牌院校、名牌专业的"名牌"效应具有优势，社会需求增长，但对非重点大学及一般专业毕业生的需求相对不足。

（5）用人单位之间的不平衡。虽然作为传统毕业生就业主渠道的国有大中型企业的用人需求有所回升，但其吸纳能力有限，而三资企业、民营企业及高新技术产业企业（尤其是信息产业企业）的用人需求数量却大大增加。

（6）性别之间的不平衡。由于个别用人单位提出了"只接收男生、不接收女生"的要求，导致了男女生就业机会不均等。

5.社会对毕业生的要求进一步提高

现在的毕业生就业市场已经是买方市场，就业竞争日益激烈，用人单位对毕业生的各方面要求越来越高，毕业生的学校品牌、学历层次、知识水平及综合素质都是用人单位关注的重点。很多用人单位为了找到优秀的毕业生，不再只是参加人才招聘会，而是主动到学校进行宣讲，开展单独招聘。在人才选择上，用人单位更加注重毕业生的素质、能力和职业品质。

二、当前的大学生就业观念

（一）就业观念的定义

古希腊语"永恒不变的真实存在"是"观念"一词的来源，它是指人们在长期生活和实践中形成的对事物的总体认识。大学生就业观念是指大学生对就业目的、意义、方式等所持的根本意识和态度，是集合了大学生就业动机、选择、途径和方式等要素而构成的整体。就业观念不仅会受到社会经济、政治和文化的影响，而且会被自身价值观所支配，它是社会性与个体性的统一。

在特定的时间、空间和环境下，就业观念是相对稳定的，但它不是一成不变的，它会随着社会政治、经济、文化及个人的世界观、人生观和价值观的改变而改变，具有前沿发展性。同时，每个人的家庭背景、生活经历、受教育程度、思维方式及性格特点等各有不同，其就业观念也会出现差异，因此它也具有独特性。

1.就业观念与就业力的关系

就业力是指人在经过一段时间的学习后，能够具备获得工作及持续做好工作、实现良好职业生涯发展的能力。它高于职业技能，是把工作向更高层次提升，为社会创造更高的附加价值，进而为个人创造有尊严的、富足的物质生活和精神生活的能力。总的来说，就业力是个人经过学习和实践，将高层次、高水平的大学教育，向高质量、高价值的人力资本转化的结果。

在就业观念形成的过程中，就业力会随着思维、能力和层次的提高而不断提高，就业观念一旦形成，就业力就会在其驱使下有针对性地提高，从而为实现就业服务。因此，就业观念对就业力有指导作用。

2.就业观念与职业生涯的关系

职业生涯规划，又称职业生涯设计，是人运用一些方法，在对自己的兴趣、爱好、能力、特长、经历及不足等方面进行综合分析与权衡之后，对职业生涯的主客观因素进行测定、分析和总结研究，再结合时代的特点，根据自己的倾向，确定职业目标，为实现这一目标编制相应的行动计划，并对每一阶段的步骤进行合理、系统的安排的活动或过程。职业生涯规划一般是建立在对个人、组织、社会等因素的科学分析和有效引导的基础上的，有着较为清晰的职业生涯规划的大学生，意味着其已具备自我价值实现、提升竞争力的优势，在择业的过程中不会人云亦云，没有方向。

在就业观念形成的过程中，大学生要对自身的特点做细致、深入的剖析，明确自己要实现的目标及需要具备的素质，树立正确的就业观念，以促进最终实现成功就业，而大学生要对自身进行正确的剖析，就必须依靠职业生涯规划手段。因此，职业生涯规划是大学生树立正确就业观念的有效保障，对错误就业观念的产生可起到有效预防的作用。

（二）就业观念分析

1.就业观念的积极影响

社会的快速进步与变革，使大学生群体普遍接受了高等教育大众化这一现实。当代大学生逐步形成了脚踏实地的就业心态，就业观念有很多积极的影响，具体如下：

（1）逐步具备竞争意识。总的来说，我国的就业制度经历了计划经济模式下的"统包统配"政策和市场经济体制下的"双向选择，自主择业"模式，随着政治、经济和文化的发展，就业制度也经历了不断发展和完善的过程。随着就业制度的变革，高校毕业生对整体的就业形势逐渐形成了比较清晰、理智的认识，对日趋激烈的就业市场表现出积极的态度，主动投入招聘竞争中，风险竞争意识逐渐增强，"职业稳定性"意识在大学生群体中进一步淡化。由此可见，在当代高校毕业生的就业观念中，就业已不再是谋生的手段，而是自我发展、自我价值实现的一种方式。

（2）逐步具备主体意识。在社会经济快速发展环境中成长起来的当代大学生，在面对社会经济转型和变革的严峻挑战时，能够以积极的心态主动地参与激烈的就业竞争，利用一切可以利用的资源、渠道和途径，实现就业的愿望，并能以较强的主动意识对待求职过程中遇到的困难和挫折。越来越多的高校毕业生选择灵活就业，积极参与创业，以创业带动就业，其主观能动性和创造性得到了充分发挥。这种主体意识的形成和发展，是社会进步和各种社会因素共同作用的结果，也是当代大学生对自身潜能不断开发的结果。

主体意识的增强，推动了大学生就业观念不断趋向自主化和多元化；市场化就业模式的逐步确立和完善，使大学生意识到只有将自我需要与社会需要、自我价值与社会价值相统一，才能实现最终的价值目标，因此在选择职业的过程中，大学生逐步确立了多元化的现代就业观念。另外，国家出台的与大学生就业有关的政策，也为大学生的多元化就业观念的确立，创造了良好的政策环境。

（3）就业观念逐步走向大众化。随着高等教育的普及，高等教育的就业模式也有相应的改变。其一，大学生逐渐抛弃了"天之骄子"的心态，将自己定位成脚踏实地的普通劳动者，通过诚实劳动为社会创造价值，进而实现自身价值。其二，"非公有制"单位越来越受到青睐。社会保障体制的健全，使得高校毕业生在就业选择时，不再盲目追求国有企事业单位，而是更倾向于灵活的中小型企业。其三，从"专业对口"向"通用人才"转变。随着社会职业的不断变化，一些具有开拓精神的高校毕业生，更加看重行业和自身的发展前景，不会一味地追求专业对口。他们勇于调整自己的择业方向，在丰富职业经历的基础上，不断提高自身的综合素质，从而具备更全面的职业适应性。这些改变，将进一步促进大学生确立大众化的就业观。

（4）就业类型逐渐多元化。从近年来高校教育取得的成果看，高校毕业生的就业观念转变迅速，能够主动适应社会的需求，以更加自主、灵活、多元化的方式适应新的就业形势。长期的就业优惠政策倾斜，大学生就业的"城市情结"逐渐弱化，就业选择区域逐渐多元化。在国家政策的大力扶持下，"到西部、到基层、到祖国最需要的地方去"的观念逐步深入人心，特别是近些年，到基层服务的大学生人数逐年增加。

除此之外，大学生就业类型多元化的趋势还表现在职业类型方面，比如民营企业、私人企业、外资企业越来越受到青睐等。由此可见，在严峻的就业形势影响下，大学生对自身知识水平与个人事业发展之间的关系，有了更加深刻的认识与理解。

（5）就业期望更加理性。人们理想化的就业意愿是在职业生涯中充分发挥自己的才能，让自己的个人价值得到充分体现，最终实现职业与社会价值的统一。人们在求职过程中通常考虑的问题是：环境、行业和岗位三个因素，哪一个更符合自己的兴趣爱好、更适合自己的发展。这使得很多人的就业期望朝着追求社会影响和经济收入等方向发展。

目前，大学生已普遍认识到我国高等教育大众化所产生的影响与变化，以一名普通劳动者的心态投身到职业生涯中，就业期望正朝着入职匹配、个人发展、工作环境和薪酬福利兼顾的方向转变。通过近年来的大学生就业数据可以发现，大学生"扎堆"到高收入、一线发达城市就业的观念正在逐渐改变，就业期望更加理性，更加符合实际。

（6）职业生涯规划意识逐步形成。职业生涯规划是生命、生活的重要组成部分，一个人选择了一种职业，也就选择了一种社会角色，进而选择了一种生活方式。近年来，各高校越来越重视对大学生进行职业生涯规划意识的培养，课程体系逐步形成，很多高校不仅增设了就业、创业等相关课程，组织开展了各类讲座，还邀请了一些企业高管、创业大赛指导教师等专业人士给予大学生实际的指导。大学生越发重视职业生涯规划，而自主创业也成为当代大学生非常感兴趣的一种选择，在很多大学生的思想意识里生根、发芽。自主创业是促进经济发展、缓解就业压力的一条重要途径，得到了社会各界的广泛关注，在党和政府的大力倡导下，在各高校就业工作的大力推动下，自主创业得到了大学生的普遍认可。

2.就业观念的消极影响

虽然大学生的就业观念总体上是朝着理性、务实、开放的方向发展的，但就业观念不是一蹴而就的，它是一个漫长的形成、磨合过程。目前，我国仍处于高等教育大众化的初级阶段，大学生的就业观也处在转型时期，因此仍然存在着一些问题，这些问题是这一时期影响就业的主要原因。

（1）自我认知不明晰，就业目标不明确。自我认知是指个体对职业价值、理想、兴趣和能力等相关信息的理解和实践。当前，大部分大学生对自己的职业理想、兴趣、能力等问题认识较为模糊。理想和兴趣决定想做什么工作和喜欢做什么工作，能力决定能做什么样的工作，而正确的自我认知是树立正确的职业观念、成功经营自己职业生涯的关键。虽然大部分大学生在接受高校就业指导后，能感受到就业形势的严峻，但在毕业前就确定自己就业方向的大学生少之又少。小部分大学生认为学好专业课即可，不重视职业生涯规划，没有对自己进行客观、全面的分析和评价，更没有结合社会需求思考自己的人生观和价值观，对未来发展的方向缺乏清醒的认识。就业目标不明确，导致这部分大学生参加招聘会就像在赶集，抱着完成任务的心态，在查看招聘信息时一带而过，一份简历万家投，没有深入思考所投职位的发展前景，在一定程度上浪费了就业机会。

（2）职业标准趋向"货币化"。市场经济的确立及生活成本的提高，使得经济收入成为一些大学生选择职业的首选因素。在调查高校毕业生就业情况的问卷中，"薪资高"是一些大学生的首选，他们将职业的选择简单地物化为货币的多少。社会环境的改变，使得部分大学生的利益观逐步增强，其在选择工作时，价值观也会受到干扰，甚至发生了扭曲，用货币的多与少来衡量工作的好与坏。希望找到一个更好的、收入更高的职业，是所有人的普遍心理，这一点无可厚非，但单纯地将职业物化为收入，以经济待遇作为择业的唯一或最重要标准，必然会导致"金钱至上"观念的升温，给人留下一种"唯利是图"的印象，这可能会导致毕业生在选择职业时摇摆不定，甚至四处碰壁。

（3）就业区域首选仍是大中城市。虽然近几年"到西部、到基层、到祖国最需要的地方去"的观念已在大学生思维中萌芽，但大多数毕业生在寻找工作岗位时，仍青睐发达地区和大中型城市。其原因可能包括：其一，发达地区的生活娱乐设施丰富，社会保障体系相对于其他地区更健全，而且保障力度要高于欠发达地区。其二，发达地区、大城市的就业机会多，人们的观念较为前卫，个人发展前景较好，使得个人有更多的机会施展才能，而小城镇经济发展落后，缺乏个人发挥才能的机遇。这就导致了大中城市各岗位人满为患、职业寻求困难，而中小城镇的工作职位却无人问津，出现了人才需求结构性失衡的现象。在这种形势下，高校毕业生避开东部地区和大城市激烈的人才竞争，去西部地区或中小城市寻找就业机会，不失为明智之举。

（4）创业意识淡薄。在"大众创业、万众创新"的今天，创业已经成为开辟大学生就业途径的有效方式，但绝大多数大学生由于受到传统观念的影响，以及家人的不支持或反对，不愿意承担创业的风险，这就导致许多大学生宁愿去给别人打工，也不愿意尝试自己做老板。

有专家指出，造成大学生创业困难的原因分为外部因素和个人因素两方面。

外部因素主要包括以下三个方面：

①政策扶持和执行力度不够。虽然近几年国家和一些单位相继出台了一些扶持高校毕业生创业的政策，但个别地方政府、个别单位及高校并没有很好地贯彻执行。

②创业资金不到位。刚毕业的大学生没有丰富的创业资本，这是制约其创业的主要因素。

③创业培训缺乏。近年来，很多高校都开设了创业培训课程，但多数学校的就业培训教师是由其他课程教师兼任的，他们缺乏创业的实战经验，这直接导致了大学生在创业目标定位、项目选择及投资收益等方面具有盲目性。

个人因素主要包括以下三个方面：

①家长的不支持。多数家长遵循着传统的观念，希望自己的孩子能找一份稳定的工作，因此当高校毕业生提出创业想法时，家长是不支持的，甚至会持反对意见。

②不具备创业者的特质。部分大学生创业是凭着一时的冲动进行的，缺乏对市场的评判和对自己的客观、准确分析，这就很容易导致失败。

③不具备创业所需要的知识和能力。很多大学生只进行了专业课程的学习，没有系统地学习创业知识，但创业者需要有宽广的知识面，对市场和行业具有敏感性，传统模式下的高校教育，缺乏对大学生创业意识的培养，这就使得很多大学生不具备创业所需要的知识和能力。

3.影响就业观念的因素

（1）社会经济转型。改革开放以来，社会结构的改变、利益分配的调整、生活节奏的加快，使得人们在思想、观念和行为等方面发生了一系列变化，人们面临着适应全新生活方式等问题。对于处在社会经济转型时期的大学生而言，他们对所处时代的精神和新事物的变化最为敏感，他们即将成为社会建设的主力军、未来社会发展的驱动力，他们的价值观尤为重要。但转型带来的社会体制改革、利益调整、社会观转变，使得大学生受到自身知识体系、人生阅历及年龄等因素的影响，就业观念的不确定性较强，甚至左右摇摆。

（2）就业政策法规。与就业有关的政策法规，主要包括国家出台的一系列促进大学生就业、保障大学生劳动权益的法律法规，直接或间接地影响着高校毕业生的就业。其中，促进大学生就业的政策是影响大学生就业观念的重要因素，它不仅是国家实现高层次专业技术人才资源合理配置的行为准则，还是大学生在就业过程中应遵循的基本规范，对大学生就业市场起到宏观调控、制度约束和政策引导的作用。当前，就业市场在国家宏观调控和各级地方政府、高校的有力推动下，已经形成了操作规范、竞争公平、择优自愿、双向选择的格局。

（3）社会舆论。目前，新媒体已成为社会舆论形成和传播的重要载体，成为人们生活、工作和学习不可或缺的一部分，但传播内容有积极向上的，也有消极的、具有危害性的。价值观尚未完全形成的大学生，在各种复杂的环境下，很容易受到干扰和影响，尤其是那些竞争力不够强、自主意识淡薄的大学生。因此，只有形成积极向上的社会舆论，加强主流意识形态的培养，才能对大学生正确就业观的形成起到引导和促进作用。

（4）家庭环境。在形成就业观念的过程中，家庭作为个体社会化进程中的第一个社会环境，家庭成员的态度、家庭成员的期望、家庭教育的引导等影响着大学生的就业观。这种影响的主要表现形式一般有三种：其一，说教型。家庭成员从自身经验和阅历出发，对大学生的就业观或目标加以评说，影响大学生。其二，协助型。父母或亲朋在大学生就业过程中出谋划策，在尊重其选择的基础上，依托社会资源，使其获得理想的职业。其三，安排型。发挥父母的家庭权威作用，用自己的观念代替大学生的观念，部分条件优越的家庭直接决定了大学生的就业选择。在家庭经济水平、生活环境及受教育程度等多种因素的影响下，大学生的就业观中掺杂了一些家庭的态度，大学生的就业方向不是其独立的决策，而是整个家庭的集体决策。例如，一些文化程度不高的父母希望子女通过读书获得更高的学历，从事一份稳定的工作，获得一定的社会地位，对子女的就业期望值较高；在受教育水平普遍偏低的农村，父母更看重的是职业能使子女走出农村的事实；而父母的受教育程度越高，其子女继续深造的意愿就会越强烈。

（5）高校就业指导。教育部办公厅印发的《大学生职业发展与就业指导课程教学要求》（教高厅〔2007〕7号）提出：高校要切实把就业指导课程建设纳入人才培养工作，列入就业"一把手"工程，做好相关工作。从2008年起提倡所有普通高校开设职业发展与就业指导课程，并作为公共课纳入教学计划，贯穿学生从入学到毕业的整个培养过程。现阶段作为高校必修课或选修课开设，经过3～5年的完善后全部过渡到必修课。各高校要依据自身情况制订具体教学计划，分年级设立相应学分，建议本课程安排学时不少于38学时。目前，各高校都依据自身情况制订了教学计划，并设立了职业生涯规划、就业指导、创业指导等相关课程。就业指导是帮助大学生准确了解国内国际的就业形势，掌握国家的方针政策和就业市场需求，增强就业力，顺利就业的有效手段。但是，传统的教学模式仍注重专业课学习，对这些课程的重视程度不够。除此之外，高校毕业生重点考虑的是工作落实问题，往往无法静下心来深入理解就业指导课程所教授的内容，致使就业指导课程的教学效果不佳。

（6）自身因素。虽然国家出台了《中华人民共和国就业促进法》等政策法规来促进并保障高校毕业生的就业，各地方政府也纷纷出台符合地方发展的各项措施来促进就业，但实施成效与计划之间存在一定的差距。这种情况，可能是毕业生自身的主观因素所致：其一，缺乏主动性，对就业持观望、等待态度，一部分大学生认为主动找上自己的单位都不是好单位，自己找的才是最适合的，而且大学生容易出现从众心理，甚至盲目就业。其二，在信息时代，新媒体对大学生的冲击、影响很大，"考证考级论""思想政治无用论""关系就业论"等观点影响着大学生的就业观。其三，虽然大部分大学生意识到了职业规划的重要性，但能够付诸行动的寥寥无几，以至于在校期间就业目标模糊，只求获得一纸毕业证书的人有很多。大学生不能合理地利用课余时间提高自己的综合能力，这也是每年大量岗位招不到人，出现"无人可用"的症结所在。

4.树立正确的就业观念

就业观念是一个人在就业问题上所持的根本看法和态度，只有就业期望与社会需求相匹配，才能够顺利、匹配地就业。在客观评价自身的同时，根据社会变化及时调整自身的就业观，是高校毕业生的当务之急。

（1）树立自主择业的就业观念。自主择业已成为高等教育大众化形势下就业的重要模式，高校毕业生要改变传统的就业观念，树立自主就业、自谋职业的观念。在大学期间，大学生应积极进行职业生涯规划，扎实学习专业知识，提高自主择业的本领；在临近毕业阶段，大学生应广泛了解和收集就业信息；在就业黄金期，大学生应对自己进行准确的定位，积极包装、推销自己。

（2）树立竞争的就业观念。市场经济最显著的特点就是竞争，竞争使市场更具活力，可促进经济发展、社会进步；竞争可让人充分发挥自立、自强、自主的精神，调动内在潜能，增强工作能力；竞争有利于人尽其才、优胜劣汰。大学生就业市场就是激烈的竞争市场之一，因此竞争意识是高校毕业生必备的。面对就业竞争的现实，大学生应先改变被动依赖、消极等待的心态，树立"爱拼才会赢"的观念，做好竞争的准备。

（3）树立先就业后择业的观念。在计划经济体制下，"一次就业定终身"的观念是当时普遍的就业心理，但现代社会的快速发展，为人们提供了广阔的发展空间，市场资源配置更加优化。高校毕业生不应抱着在短时间内找到"固定饭碗"的心态，而要学会在流动和变化中求生存、求发展。随着我国人事制度的不断完善，高校毕业生可以让工作地的人才交流中心保管档案，为他们的流动创造条件。因此，大学生要打破一步到位的就业观，树立不断进取的职业观，在流动与变化中发现机会、把握机会。

（4）树立创业的观念。随着经济体制改革和产业结构变革，非国有经济在国民经济中的占比越来越大，私营企业已经成为高校毕业生就业的一条重要渠道。国家出台了一系列鼓励大学生自主创业的措施和政策。《国务院关于推动创新创业高质量发展打造"双创"升级版的意见》中提到，在全国高校推广创业导师制，把创新创业教育和实践课程纳入高校必修课体系，允许大学生用创业成果申请学位论文答辩。支持高校、职业院校（含技工院校）深化产教融合，引入企业开展生产性实习实训。财政部、国家税务总局发布的《关于支持和促进就业有关税收政策的通知》，明确了自主创业的毕业生从毕业年度起，可享受三年税收减免的优惠政策。其中，在校期间就开始创业的，可向所在高校申领《高校毕业生自主创业证》；离校后创业的，可凭毕业证书直接向创业地县以上人社部门申请核发《就业失业登记证》，以作为享受政策的凭证。种种优惠政策的根本目的是希望当代大学生树立自主创业的观念，在摸索和闯荡中提升自身的能力，不断提高和展现自己的能力和水平，掌握就业的主动权。

积极、合理的就业观念，不仅能够促使高校毕业生顺利就业，而且可以为其职业生涯指明方向。因此，每一位高校毕业生都要根据客观形势和自身条件，做好求职定位，制订完善的就业计划，抱有积极、主动的就业心态，采取行之有效的就业措施，在激烈的职场中奋勇前进。

第二节　就业制度

制度是一种行为规则，这些规则涉及社会、政治和经济行为，涉及法律秩序、制度安排、风俗习惯和意识形态等。"制度"一词在中文里的基本内涵是以法令为主要表现形式的规则和以财产让渡为主要内容的规定。而经济学中的制度，即法律规则，构成制度的主体包括法律、行政法规、地方性法规、政府规章，以及有关决定、命令等。

就业制度是国家权力机关和有关机关为满足就业需要而建立的，并为社会公认的行为规范，它包括国家法律，以及权力机关制定的行政法规、地方性法规、政府规章及有关决定和命令等。

就业制度关乎国家的经济发展水平，也与人民的生活息息相关。劳动就业制度在维护社会稳定和构建和谐社会的过程中，对于人力资源的合理利用和配置起到了十分重要的作用。我国现行的就业制度，主要有以下三种：

一、人才聘用制度

人才聘用制度是满足国家党政机关、社会团体、企事业单位的人员选拔任用、聘任任用的一系列规章制度的总称。

我国基本的用人制度包括三个方面，即党政机关和国有企事业单位领导干部的委任制、国家机关政务类公务员的招考制、事业单位人员的聘用制。

二、人事代理制度

人事代理是指由政府人事部门所属的人才服务中心，按照国家有关人事政策法规要求，接受单位或个人委托，在其服务项目范围内，为多种所有制经济，尤其是非公有制经济单位及各类人才，提供人事档案管理、职称评定、社会养老保险金收缴、出国政审等全方位服务，是实现人员使用与人事关系管理分离的一项人事改革新举措，是一种管理制度。

三、就业准入制度

就业准入制度是指我国为了提高从业人员的职业素质，加强对持证上岗的管理而制定的准入制度。就业准入是指根据《中华人民共和国劳动法》和《中华人民共和国职业教育法》的有关规定，要求从事技术复杂、通用性广、涉及国家财产、人民生命安全和消费者利益的职业（工种）的劳动者，必须经过培训，并取得职业资格证书后，方可就业上岗。实行就业准入的职业范围，由中华人民共和国人力资源和社会保障部确定并向社会发布。

目前，我国已开始在一部分职业领域实施就业准入制度，并就准入作出了具体规定。职业介绍机构要在显著位置上公布实行就业准入的职业范围；在各地印制的求职表中，要有登记职业资格证书的栏目；在用人单位招聘广告栏中，应有相应的职业资格要求。职业介绍机构的工作人员在工作的过程中，对国家规定实行就业准入的职业，应要求求职者出示职业资格证书并进行查验，凭证推荐就业，用人单位凭证招聘用工。

目前，我国就业制度改革措施的发展方向有以下五个特点：

（一）注重就业公平

我国通过实施统筹城乡就业、城乡人力资源市场一体化等劳动就业措施，实现了深度转型，更加强调就业公平，其中包括性别公平、学历公平、保障就业公平等。只有在公平的就业竞争环境中，每个劳动者才能享受到公平的待遇，并且凭借自身的实力得到就业机会，这也有利于在竞争中提高劳动者的整体素质。

（二）注重构建法律体系

党的十八大报告明确强调了我国继续建设社会主义法治国家的决心。党的十九大报告明确指出："全面依法治国是中国特色社会主义的本质要求和重要保障。必须把党的领导贯彻落实到依法治国全过程和各方面，坚定不移走中国特色社会主义法治道路，完善以宪法为核心的中国特色社会主义法律体系，建设中国特色社会主义法治体系，建设社会主义法治国家，发展中国特色社会主义法治理论。"党的十九大报告标志着我国坚定不移地在社会主义法治国家的道路上继续前行。与此同时，在就业制度领域也建立起了完备的法律规范体系，形成了完善的就业制度管理系统，这是符合建设社会主义法治国家目标的重要举措，也是改善我国就业制度现状的重要方式。

（三）注重建立完备的社会保障体系

就业制度涵盖的不仅是规范劳动者和用人单位的内容，还包括劳动者权益保障等内容。劳动者在从事劳动的过程中，可能会遭受一些意外事故，这些意外事故会给劳动者的身体或精神带来创伤，甚至会影响今后的劳动和生活。在处理这些问题时，就需要发挥基本的社会保障体系作用。健全的社会保障体系能够让劳动者在遭受意外事故的时候，得到最基本的医疗保障和生活保障，不仅能够保障劳动者个人的基本生活，而且可以帮助劳动者家庭维持基本的生活。社会保障制度的建设与完善，是构建和谐社会的基础，能使我国目前的就业制度更加完备。

（四）注重推进现代职业教育体系建设改革

为深入贯彻党的二十大精神，加快构建区域联动、政行企校协同的职业教育高质量发展新机制，有序有效推进现代职业教育体系改革，《教育部办公厅关于加快推进现代职业教育体系建设改革重点任务的通知》要求：打造市域产教联合体；打造行业产教融合共同体；建设开放型区域产教融合实践中心；持续建设职业教育专业教学资源库；建设职业教育信息化标杆学校；建设职业教育示范性虚拟仿真实训基地；开展职业教育一流核心课程建设；开展职业教育优质教材建设；开展职业教育校企合作典型生产实践项目建设；开展具有国际影响的职业教育标准、资源和装备建设；建设具有较高国际化水平的职业学校。

完备健全的现代职业教育体系，在微观上，可以解决经由职业教育机构培训的劳动者的就业问题；在宏观上，可以缓解供给与需求的矛盾，缓解社会压力。

（五）注重与国际接轨

面对日益复杂的国际经济环境，我国立足国情，密切关注国际经济发展形势，采取积极、主动的态度，充分鼓励企业在国际经济中的发展，加强和规范对外输出，主动参与经济发展与经济秩序制定，缓解国内就业压力。现在，"自主择业"制度更加注重个人价值的实现和个人价值实现方式选择的多样化。它以市场运行为基础，使高校在培养毕业生上强化了与社会需要的联系，拥有了很大的自主选择权。拥有较大自主权的用人单位在招聘毕业生时，除了政府、事业单位会受到编制、名额的限制外，其他用人单位都可以按照企业自身的发展需要，招收合适的人才。现行的就业制度，在很大程度上体现了个体价值和自主价值。

自主择业的就业制度，对高校的专业设置、教学水平和管理水平也是重大的考验。大学生毕业后自主择业，需要依靠实力竞争上岗，而实力大部分来源于大学生在高校所接受的教育和高校的培养。高校的课程设置是否合理、是否符合社会市场需要、学术和教学水平是否具有核心竞争力、教育管理是否严格、校园文化建设是否合理，都可以在其毕业生的就业过程中得到检验。因此，大学生的"主动性"可以有力地推动高校的教育教学改革，反过来也可促进高校找到教学改革的方向。高校应根据毕业生在社会竞争中的得失、成败、反馈等，及时调整人才培养方案，提高办学水平和竞争力。

在市场经济体制下，用人单位是经济行为的主体，高校毕业生自主择业符合用人单位的愿望，用人单位想在市场中选择所需人才，也需增强自身的吸引力。

通过以上分析，不难看出，国家、社会、高校及大学生的主动性都得到了很大程度的调整，使各方面利益趋于平衡，也使就业制度向着更加健康、科学的方向发展。

第三节　就业政策

就业政策是指以国家或政府为主体，在特定经济社会条件下实行的以促进劳动就业、加强就业管理为主要形式，旨在解决就业问题，从而满足社会经济发展及劳动者个人需要的一种社会政策。目前，我国实施的仍是"促进就业政策"总目标，坚持以经济建设为中心，通过经济增长带动就业增长，实行积极的就业政策，采取各种有效措施，大力促进就业。就业政策是宏观经济政策的重要组成部分，也是社会政策的重要组成部分，它的出台，可以有效地促进经济的发展和社会的稳定。

一、就业政策的功能

（一）社会功能

第一，能够实现收入再分配，充分利用人力资源，减少初次分配中的不公平。

第二，促进社会投资和社会建设，增强人们对社会、市场和国家的信心，促使人们对社会做出贡献，提高整个社会的凝聚力。

第三，有利于增强社会控制，缓解就业压力，防止社会动荡，营造和谐、安定的社会环境，减少人们的不良行为和各种社会问题的发生及危害。

（二）经济功能

第一，实现对人力资本的投资，解决就业人员健康、医疗等保障问题。

第二，调节经济运行。合理的就业政策，能够充分利用社会资源、扩大内需、刺激消费；公共事业投资，可以带动就业和经济的增长，为经济改革创造社会条件。

第三，激励劳动者的积极性。就业政策力求满足职工的安全需要，进一步提高企业职工的凝聚力和积极性。

（三）政治层面

第一，充分实现政府对社会的管理。政府社会管理机制包括直接控制、调解社会矛盾和提供有效服务，以实现社会管理目标。就业是当前社会的重要问题和矛盾之一，有效解决就业问题，有利于充分实现政府对社会的管理。就业政策在社会管理中的作用有三个方面：满足人们基本的生活需要和工作需要，实现社会管理；促进就业，有利于维护社会公平，提高社会管理效果；解决就业，可以促进社会管理。

第二，调节各利益群体矛盾，解决劳动力市场与资本市场配置的矛盾。

第三，增强执政党基础，维护政治稳定。

二、我国具体的就业政策

（一）就业渠道政策内容（特岗、西部、选调、创业扶持等）

2003 年，根据国务院常务会议、《国务院办公厅关于做好 2003 年普通高等学校毕业生就业工作的通知》（国办发〔2003〕49 号）和全国高校毕业生就业工作电视电话会议的精神，国家决定从 2003 年开始实施大学生志愿服务西部计划。在《中组部、人事部、共青团中央、中央编办、教育部关于选拔高校毕业生到西部基层工作的通知》中，对毕业生到西部的选拔工作作出了规定，在随后出台的《关于实施大学生志愿服务西部计划的通知》中，针对大学生到西部工作的鼓励政策也作出了相关规定。其中，主要内容包括：按照公开招募、自愿报名、组织选拔、集中派遣的方式，每年招募一定数量的普通高等学校应届毕业生，到西部贫困县的乡镇从事为期 1～2 年的教育、卫生、农技、扶贫，以及青年中心建设和管理等方面的志愿服务工作。志愿者服务期满后，鼓励其扎根基层，或者自主择业和流动就业。参加大学生志愿服务西部计划的志愿者，除享受国家规定的高校毕业生就业优惠政策外，还给予以下政策支持：

（1）服务期间享受一定的生活补贴（含交通补贴和人身意外伤害、住院医疗保险）。

（2）服务期间计算工龄，党团关系转至服务单位。本人要求户口和档案保留在学校的，按规定保留两年，在此期间，档案管理机构对保管其档案免收服务费用；本人要求将户口转回入学前户籍所在地的，公安机关按照规定为其办理落户手续，人事、教育部门所属的人才交流机构负责办理相关手续，人事部门所属的人才交流服务机构免费提供人事代理服务。服务期满落实工作单位后，公安机关按有关规定办理户口迁移手续。

（3）服务期间，可兼职或专职担任所在乡镇团委副书记、学校及其他服务单位的管理职务。

（4）服务期满考核合格的，报考研究生给予加分，在同等条件下，优先录取，具体规定在当年的研究生招生政策中予以明确。

（5）服务期满考核合格的，报考党政机关公务员可适当加分，在同等条件下，优先录用，具体规定由省级公务员考试录用主管机关在当年招考中予以明确。

（6）服务期满，对志愿者作出鉴定，存入本人档案。考核合格的，颁发证书，作为志愿者服务经历和就业、创业的证明。

（7）服务单位应向志愿者提供住宿等必要的生活条件；在录用党政机关公务员和新增国有企事业单位专业技术人员、管理人员时优先录用、招聘志愿者。

（8）服务期为1年、服务期满考核合格的，授予中国青年志愿服务铜奖奖章；服务期为2年、服务期满考核合格的，授予中国青年志愿服务银奖奖章；表现优异的授予中国青年志愿服务金奖奖章；表现特别优秀的推荐参加中国青年五四奖章、中国十大杰出青年、中国十大杰出青年志愿者、国际青少年消除贫困奖等评选。

鼓励各高校和社会各方面对高校毕业生的工作、生活、学习、就业和创业提供帮助和支持。

2005年，针对之前提出的各项政策，中共中央办公厅、国务院办公厅印发了《关于引导和鼓励高校毕业生面向基层就业的意见》（以下简称《意见》），中央组织部、人事部、教育部、财政部、农业部、卫生部、国务院扶贫办、共青团中央决定，联合组织开展高校毕业生到农村基层从事支教、支农、支医和扶贫工作（以下简称"三支一扶"计划）。引导和鼓励高校毕业生到西部去、到基层去、到祖国最需要的地方去，经受锻炼，健康成长，为促进农村基层教育、农业、卫生、扶贫等社会事业的发展、建设社会主义新农村和构建社会主义和谐社会做出贡献。《意见》指出："对到西部县以下基层单位和艰苦边远地区就业的高校毕业生，实行来去自由的政策，户口可留在原籍或根据本人意愿迁往西部地区和艰苦边远地区。工作满5年以上的，根据本人意愿可以流动到原籍或除直辖市以外的其他地区工作，凡落实了接收单位的，接收单位所在地区应准予落户；需要人事代理服务的，由有关机构提供全面的免费代理服务。到艰苦边远地区和国家扶贫开发工作重点县就业的，可提前执行转正定级工资。对非公有制单位聘用非本地生源的高校毕业生，省会及省会以下城市要取消落户限制。对到中小企业和非公有制单位就业的高校毕业生，在专业技术职称评定方面，要与国有企业员工一视同仁；对他们当中从事科技工作的，在按规定程序申请国家和地方科研项目和经费、申报有关科研成果或荣誉称号时，要根据情况给予重视和支持。"

2006 年，教育部、财政部、人事部、中央编办下发了《关于实施农村义务教育阶段学校教师特设岗位计划的通知》（教师〔2006〕2 号），并联合启动实施了"特岗计划"，公开招聘高校毕业生到"两基"攻坚县农村义务教育阶段学校任教。2006～2008 年，共招聘特岗教师 5.9 万多人，覆盖 400 多个县、6 000 多所农村学校。2009 年继续实施"特岗计划"，并将实施范围扩大到中西部地区国家扶贫开发工作重点县。国家计划的名额视各地实施国家"特岗计划"的情况，以及是否实施地方"特岗计划"的情况进行分配。各地要根据国家"特岗计划"的原则精神和促进高校毕业生就业工作的总体部署，全面推进地方"特岗计划"，采取有力措施，吸引大批高校毕业生到农村学校任教，为中小学及时补充合格教师，着力解决教师队伍结构性矛盾，并有效地促进高校毕业生就业。各省级教育行政部门要统一掌握本地区中小学教师岗位的需求情况，会同有关部门统筹安排全省中小学教师的自然减员补充。从 2009 年开始，各地中学和小学教师补充全部采取公开招聘的方法，在同等条件下，优先聘用高校毕业生（含引导和鼓励高校毕业生到农村基层服务期满人员），不得再以其他方式和途径自行聘用教师。"特岗计划"的实施，有力地缓解了农村地区教师紧缺和结构性矛盾问题，促进了农村学校面貌的变化，受到各地的普遍欢迎。

2015 年，《中共中央组织部、人力资源和社会保障部等九部门关于实施第三轮高校毕业生"三支一扶"计划的通知》（人社部发〔2016〕41 号）提出："要深入学习贯彻习近平总书记系列重要讲话精神，紧紧围绕全面建成小康社会奋斗目标，围绕打赢脱贫攻坚战的战略部署，坚持立足教育、农业、卫生、水利和扶贫等事业发展对人才的需求，坚持为基层输送和培养青年人才、引导高校毕业生到基层就业创业的工作定位，坚持'稳定规模、优化领域、改进管理、提升质量、强化保障'的基本思路，全国每年选拔招募2.5 万名、五年共 12.5 万名高校毕业生到基层从事'三支一扶'服务。各地要充分认识'十三五'时期继续实施'三支一扶'计划的重要意义，切实增强做好工作的责任感和使命感，总结经验，拓宽思路，按照新的目标定位和任务要求，进一步加大工作力度，完善相关政策措施，健全管理服务制度，确保'三支一扶'工作取得更大成效。"

2017 年，中共中央办公厅出台的《关于进一步引导和鼓励高校毕业生到基层工作的意见》，提出了以全面贯彻党的十八大和十八届三中、四中、五中、六中全会精神，深入贯彻习近平总书记系列重要讲话精神和治国理政新理念、新思想、新战略等为指导思想，多渠道开发基层岗位，为高校毕业生到基层工作搭建平台；健全保障措施，为高校毕业生在基层成长成才创造良好条件。各项保障措施包括加大教育培训力度、营造有利于高校毕业生发展的制度环境、完善基层职称评审制度、逐步提高基层工作人员工资待遇、加强其他待遇保障等。同时，实施高校毕业生基层项目，完善基层服务项目政策措施，实施高校毕业生基层成长计划，发挥项目示范引领作用。要注重拓展在基层工作的高校毕业生的职业发展渠道，完善基层人才顺畅流动机制，优化公共就业和人才服务。

各省市纷纷出台了各类引导毕业生到基层就业的政策。以安徽省为例，为强化基层用人导向，针对高校毕业生到基层工作主观动力不足、基层吸引力欠缺等问题，安徽省综合施策，打出"组合拳"，先后出台了"到艰苦边远地区基层单位就业学费补偿"、高校毕业生创业补贴、小微企业新招用高校毕业生社会保险和培训补贴等扶持政策；树立鲜明的面向基层的选人、用人导向。基层服务项目人员服务期满后，可就地、就近在服务单位安置就业，县以上机关事业单位按照 10%～15%的比例定向招录，省直以上机关一律从具有 2 年以上基层工作经验的人员中招录。同时，在畅通基层用人渠道上，安徽省充分发挥了市场与政府互补的优势，多渠道开发基层岗位；建设以服务高校毕业生为重点的"一站式"就业帮扶中转中心，集约一体化的就业指导、素质测评、能力培训、岗位对接等综合服务功能；增大自觉投入，开发人社、党务、司法、民政等基层特定岗位，吸纳毕业生。

自实施"三支一扶"计划以来，各地不断健全"招、育、用、留"体制机制，将岗位申报与落实编制联系在一起，对于特设的农技推广、支医和水利等基层急需、紧缺的岗位，不设开考比例，放宽准入条件。各项优惠政策缓解了基层急需、紧缺人才的情况，以及人才的结构性矛盾。

（二）创业扶持政策

《国务院关于做好当前和今后一段时期就业创业工作的意见》（国发〔2017〕28号）提出，要促进以创业带动就业。第一，要优化创业环境。持续推进"双创"，全面落实创业扶持政策，深入推进简政放权、放管结合、优化服务改革。深化商事制度改革，全面实施企业"五证合一、一照一码"、个体工商户"两证整合"，部署推动"多证合一"。进一步减少审批事项，规范改进审批行为。指导地方结合实际整合市场监管职能和执法力量，推进市场监管领域综合行政执法改革，着力解决重复检查、多头执法等问题。第二，发展创业载体。加快创业孵化基地、众创空间等建设，试点推动老旧商业设施、仓储设施、闲置楼宇、过剩商业地产转为创业孵化基地。整合部门资源，发挥孵化基地资源集聚和辐射引领作用，为创业者提供指导服务和政策扶持，对确有需要的创业企业，可适当延长孵化周期。各地可根据创业孵化基地入驻实体数量和孵化效果，给予一定补贴。第三，加大政策支持。继续实施支持和促进重点群体创业就业的税收政策。对首次创办小微企业或从事个体经营并正常经营1年以上的高校毕业生、就业困难人员，鼓励地方开展一次性创业补贴试点工作。对在高附加值产业创业的劳动者，创业扶持政策要给予倾斜。第四，拓宽融资渠道。落实好创业担保贷款政策，鼓励金融机构和担保机构依托信用信息，科学评估创业者还款能力，改进风险防控，降低反担保要求，健全代偿机制，推行信贷尽职免责制度。促进天使投资、创业投资、互联网金融等规范发展，灵活高效满足创业融资需求。有条件的地区可通过财政出资引导社会资本投入，设立高校毕业生就业创业基金，为高校毕业生创业提供股权投资、融资担保等服务。

《人力资源社会保障部办公厅关于持续开展离校未就业高校毕业生技能就业行动的通知》（人社厅发〔2017〕127号）提到，全面落实创新创业扶持政策，加强高校毕业生创新创业培训和实训。针对高校毕业生创新创业的特点和需求，依托培训机构、企业培训（实训）中心、创业孵化基地、创客空间、网络平台等，开展创业意识教育，创新素质培养、企业项目指导、开业指导、企业经营管理等培训。要开发合适的创业培训课程，推广成型的培训实训模式，重点实施"创办和改善你的企业（SIYB）"培训项目和网络创业培训项目，将网络创业培训纳入政府补贴范围。支持有条件的高校、教育培训机构、创业服务企业、行业协会、群团组织等开发适合大学生的创业培训项目，发挥好企业技能大师工作室、劳模和职工创新工作室对高校毕业生创新创业的指导作用。

同时，强化公共就业创业服务。各省市要落实购买基本公共就业创业服务制度，充分运用就业创业服务补贴政策，支持公共就业创业服务机构和高校开展招聘活动和创业服务，支持购买社会服务，为劳动者提供职业指导、创业指导、信息咨询等专业化服务。加强公共就业创业服务信息化建设，在充分利用现有平台基础上，建立"互联网＋"公共就业创业服务平台，推动服务向移动端、自助终端等延伸，扩大服务对象自助服务范围，推广网上受理、网上办理、网上反馈，实现就业创业服务和管理全程信息化。

2018 年，《国务院关于做好当前和今后一个时期促进就业工作的若干意见》（国发〔2018〕39 号）提出鼓励支持就业创业。第一，加大创业担保贷款贴息及奖补政策支持力度。符合创业担保贷款申请条件的人员自主创业的，可申请最高不超过 15 万元的创业担保贷款。小微企业当年新招用符合创业担保贷款申请条件的人员数量达到企业现有在职职工人数 25%（超过 100 人的企业达到 15%）并与其签订 1 年以上劳动合同的，可申请最高不超过 300 万元的创业担保贷款。各地可因地制宜适当放宽创业担保贷款申请条件，由此产生的贴息资金由地方财政承担。推动奖补政策落到实处，按各地当年新发放创业担保贷款总额的一定比例，奖励创业担保贷款基金运营管理机构等单位，引导其进一步提高服务创业就业的积极性。第二，支持创业载体建设。鼓励各地加快建设重点群体创业孵化载体，为创业者提供低成本场地支持、指导服务和政策扶持，根据入驻实体数量、孵化效果和带动就业成效，对创业孵化基地给予一定补贴。支持稳定就业压力较大地区为失业人员自主创业免费提供经营场地。

（三）就业指导政策内容

在就业指导政策方面，《国务院办公厅关于做好 2003 年普通高等学校毕业生就业工作的通知》提出，各级人事和劳动保障等部门所属的人才交流服务机构和公共职业介绍机构要主动为高校毕业生提供就业岗位信息服务，免费提供职业指导、职业介绍等服务。要在充分利用现有资源基础上，建立健全高校毕业生就业服务信息网络，为用人单位和高校毕业生提供网上沟通的平台，并加强对用人信息发布的管理。同时，公共职业介绍机构可在一定时期建立专门的场所或窗口，提供专项服务。要大力收集一批适合的职业岗位需求信息，通过多种渠道和途径供高校毕业生选择。各地劳动力市场网站要开设专门栏目，与当地教育部门、各高校就业网站链接，积极开展网上招聘活动。

《国务院办公厅关于做好 2007 年高校毕业生就业有关工作的通知》（国办发〔2007〕26 号）提出，要做好高校毕业生离校前后的政策咨询、职业指导、求职推荐、职业资格培训、劳动保障事务代理等各项就业服务工作。积极举办适合毕业生的专场招聘会，并对应届高校毕业生免收门票。还专门印发了《教育部办公厅关于印发〈大学生职业发展与就业指导课程教学要求〉的通知》，以提高高校毕业生的就业能力。

为提高高校毕业生的专业技能，国家在《关于积极做好 2008 年普通高等学校毕业生就业工作的通知》（教学〔2007〕24 号）中，鼓励和提倡所有高校从 2008 年起开设就业指导必修课或必选课，并依据各校自身具体情况制订教学计划。要适应新形势需要，以科学性、系统性、针对性、操作性为原则，加快推进就业指导课程教材建设。《国家中长期教育改革和发展规划纲要（2010—2020年）》要求，全面提高劳动者职业技能水平，加快技能人才队伍建设。《教育部关于做好2019届全国普通高等学校毕业生就业创业工作的通知》（教学〔2018〕8号）强调：第一，要提升毕业生的就业能力。各地各高校要加强高校学生职业生涯发展教育，对低年级学生着重进行职业生涯启蒙，对高年级学生着重提升职业素质和求职技能。要结合就业形势和毕业生特点，帮助毕业生调整就业预期，找准职业定位。要多方搭建社会实践、实习实训、职业体验等实践平台，增强学生专业技能和职业能力。鼓励学生在取得毕业证书的同时考取行业企业认可度高的多种类型的培训（或认证）证书。第二，加快高校就业创业指导队伍建设。各地各高校要加快建设一支职业化、专业化、专家化的就业创业指导队伍，在专业技术职务评聘和绩效考核中充分考虑指导教师的工作性质和工作业绩，予以适当支持。要建立高校毕业生就业创业指导教师培训机制，开展专业培训，鼓励指导教师到行业企业挂职锻炼。要定期对辅导员、班主任等就业工作人员进行集中轮训，全面提高政策水平和工作能力。

在实习培训方面，《人力资源社会保障部办公厅关于持续开展离校未就业高校毕业生技能就业行动的通知》（人社厅发〔2017〕127号）指出，要将有培训意愿的离校未就业高校毕业生全部纳入职业培训服务范围，用好用足就业培训鉴定等政策，综合运用多种措施，力争实现高校毕业生在离校后参加就业技能培训。要加强职业指导，帮助高校毕业生分析就业形势和人力资源市场状况，明确技能就业方向。要增强职业培训的针对性、有效性，对未就业的高校毕业生，根据其所学专业，重点围绕战略性新兴产业、先进制造业、现代服务业的需求，主要开展以定向培训为主，弥补技能短板、提高动手能力的就业技能培训。

《国务院关于推行终身职业技能培训制度的意见》（国发〔2018〕11号）提到，推进职业技能培训公共服务体系建设，为劳动者提供市场供求信息咨询服务，引导培训机构按市场和产业发展需求设立培训项目，引导劳动者按需自主选择培训项目。推进培训内容和方式创新，鼓励开展新产业、新技术、新业态培训，大力推广"互联网＋职业培训"模式，推动云计算、大数据、移动智能终端等信息网络技术在职业技能培训领域的应用，提高培训便利度和可及性。支持弹性学习，建立学习成果积累和转换制度，促进职业技能培训与学历教育沟通衔接。实行专兼职教师制度，完善教师在职培训和企业实践制度，职业院校和培训机构可根据需要和条件自主招用企业技能人才任教。大力开展校长等管理人员培训和师资培训。发挥院校、行业企业作用，加强职业技能培训教材开发，提高教材质量，规范教材使用。持续开展高校毕业生技能就业行动，增强高校毕业生适应产业发展、岗位需求和基层就业工作能力。

职业技能培训是全面提升劳动者就业创业能力、缓解技能人才短缺的结构性矛盾、提高就业质量的根本举措，是适应经济高质量发展、培育经济发展新动能、推进供给侧结构性改革的内在要求，对推动大众创业、万众创新，推进制造强国建设，提高全要素生产率，推动经济迈上中高端具有重要意义。

（四）就业保障政策内容

我国大学生的就业权益主要包括获取就业信息权、接受就业指导权、被推荐权、自主选择权、公平录用权和违约求偿权。为保障毕业生就业权益，国家相继出台了一系列保障政策。《国务院关于进一步做好普通高等学校毕业生就业工作的通知》（国发〔2011〕16号）提到，各城市应取消高校毕业生落户限制，允许高校毕业生在就（创）业地办理落户手续（直辖市按有关规定执行）。各地要按照就业促进法、劳动合同法、公务员法等的要求，进一步深化高校毕业生就业制度改革，简化高校毕业生就业程序。对到各类用人单位就业的高校毕业生，其职称评定、工资待遇、社会保险办理、工龄确定等要严格按照国家有关规定执行。高校毕业生从企业、社会团体到机关事业单位就业的，其参加基本养老保险缴费年限合并计算为工龄。要加大对各类企业特别是中小企业在劳动用工、缴纳社会保险费等方面的劳动监察力度，切实维护高校毕业生的合法权益。要进一步加强人力资源市场管理，大力开展人力资源市场清理整顿工作，严厉打击非法职业中介和招聘过程中的各类欺诈行为。要认真执行残疾人就业条例的有关规定，保障残疾人高校毕业生的就业权益。要切实落实取消就业体检中乙肝检测项目的有关规定，防止各类就业歧视，维护高校毕业生公平就业权利。

2018年的政府工作报告指出，要健全劳动关系协商机制，消除性别和身份歧视，使更加公平、更加充分的就业成为我国发展的突出亮点。《人力资源社会保障部关于做好2018年全国高校毕业生就业创业工作的通知》（人社部函〔2018〕16号）明确提出，各地要把保障高校毕业生就业权益摆在突出位置，积极营造有利于就业公平和人才合理流动的良好环境。加强人力资源市场监管，严厉查处虚假招聘、违规收费、"黑中介"等违法违规行为，规范人力资源市场秩序。健全招聘信息管理制度，持续推进国有企业招聘应届高校毕业生信息公开，强化用人单位主体责任和招聘服务提供者信息审查责任，不得设置性别、民族等歧视性内容，确保毕业生能获得真实可靠就业信息。加大就业权益保护宣传，在招聘会现场、服务大厅和相关网站发布防范求职陷阱的专门提示、典型案例、维权警示和投诉渠道，增强毕业生风险防范意识和权益保护意识。促进就业顺畅流动，简化档案转递手续，做好集体户口落户、社会保险转移接续等工作，为毕业生跨区域、跨不同性质单位就业提供便利。

《教育部关于做好 2019 届全国普通高等学校毕业生就业创业工作的通知》（教学〔2018〕8 号）强调，各地各高校要加强校园内招聘活动管理，严禁发布性别、民族、院校、学习方式（全日制和非全日制）等歧视性信息，严格审核用人单位资质、工作岗位信息，重点审核就业中介机构和境外用人单位，严密防范招聘陷阱、就业欺诈、"培训贷"、传销等不法行为。普及就业创业有关法律法规知识，提高大学生的法律意识和维权意识。加强毕业生和用人单位诚信教育和管理，做到诚信签约、诚实履约。

（五）就业扶持政策内容

对于就业有困难的毕业生，我国政府、各省市持续颁布各类扶持政策，帮助困难生就业。《关于加强普通高等学校毕业生就业工作的通知》（国办发〔2009〕3 号）中对四类困难毕业生的扶持政策作出明确规定：对困难家庭的高校毕业生，高校可根据实际情况给予适当的求职补贴。各级机关考录公务员、事业单位招聘工作人员时，免收困难家庭高校毕业生的报名费和体检费。对离校后未就业回到原籍的高校毕业生，各地公共就业服务机构要摸清底数，免费提供政策咨询、职业指导、职业介绍和人事档案托管等服务，并组织他们参加就业见习、职业技能培训等促进就业的活动。对登记失业的高校毕业生，各地要将他们纳入当地失业人员扶持政策体系。对就业困难的高校毕业生和零就业家庭的高校毕业生，实施一对一职业指导、向用人单位重点推荐、公益性岗位安置等帮扶措施，按规定落实社会保险补贴、公益性岗位补贴等就业援助政策。

《国务院关于进一步做好普通高等学校毕业生就业工作的通知》（国发〔2011〕16 号）提出，要强化就业援助，各级公共就业人才服务机构要将就业困难的高校毕业生纳入当地就业援助体系，建立专门台账，实施"一对一"职业指导和重点帮扶，并向用人单位重点推荐，或通过公益性岗位安置就业。对符合条件的人员按规定落实社会保险补贴和公益性岗位补贴。各高校可根据困难家庭毕业生的实际情况，给予适当的求职补贴。各地要高度重视大城市聚居地长时间失业高校毕业生以及女性、残疾人和少数民族等高校毕业生的就业问题，提供有针对性的就业服务和就业指导，鼓励有条件的地区制定实施专门的就业扶持政策。

《人力资源社会保障部关于开展 2019 年全国高校毕业生就业服务行动的通知》（人社部函〔2019〕101 号）提出：第一，积极推进精准服务。根据未就业毕业生底数、特点和需求，集中开展"四个一"服务：给毕业生一封信，介绍就业服务行动安排，告知政策服务享受渠道，提供信息查询路径。发放一份就业创业服务清单，明确政策内容、服务事项、享受条件和申请流程，力促毕业生对政策服务应享尽知。开展一次职业指导，讲解求职面试技巧，开展模拟招聘，提供职业素质测评，帮助毕业生合理确定职业定位，提升求职能力。制定一份求职计划书，明晰求职意愿、技能水平，提出职业规划方向，推荐适合的就业服务项目，帮助毕业生确定求职路径。第二，深入开展分类帮扶。深入企业、基层一线收集岗位信息，对未就业毕业生组织不少于 2 场专场招聘，提供不少于 3 次有针对性的岗位推介。集中开展就业见习，根据毕业生专业、技能水平和见习需求，开发一批高质量见习岗位，组织双向选择洽谈会，使有见习意愿的毕业生都能得到见习机会，落实见习补贴政策。将有培训需求的毕业生纳入职业技能提升行动，推荐参加适合的培训课程、培训项目，落实培训补贴政策，提升就业技能水平和社会适应能力。对建档立卡贫困家庭、残疾及就业困难少数民族毕业生建立"一对一"联系帮扶机制，制定专项帮扶计划，优先推荐岗位，加强跟踪回访，在深度贫困地区开展送岗位上门活动。

第二章　大学生就业能力培养

第一节　就业对大学生素质的要求

一、大学生应该具备的能力和素质

素质教育强调，大学生既要有丰富的知识储备和良好的文化修养，又要有扎实的专业基础知识，还要有健康的体魄和良好的心理素质。大学生应具备的能力与素质要求，主要有以下几个方面：

（一）创新能力

创新能力是各种智力因素和能力品质在新的层面上融为一体、有机结合后所形成的一种合力。培养开拓创新能力，要注意知识积累、增强才干，并注意想象力和发散思维培养。

（二）适应能力

适应能力是一个人综合素质的反映，与个人的思想品德、知识技能、创造能力等密切相关。一个适应能力比较强的人能够很快适应新的环境，即使是在比较困难的情况下，也能够变不利因素为有利因素，取得事业上的成功。

（三）管理能力

每个人在工作中都会不同程度地运用到组织管理能力，这是现代社会对人才的新要求。大学期间，大学生培养自己的组织管理能力，应注意两点：其一，要学会抓住机遇锻炼自己；其二，要用心向他人学习，以他人之长来补己之短。

（四）交往能力

人际交往能力是人们实践经验的结晶，要培养自己的交往能力，就要大胆地参与各种交流、交往活动，培养自己与他人在心理方面的相容、交往时的诚实守信，以及人格平等的心理品质。

（五）沟通能力

现代社会的进步与科学技术的发展，要求每个出色的社会成员都应具备较强的沟通能力。培养沟通能力需要自信和技巧，应注意做到以下几点：

第一，要注意在沟通中实现双方互惠。

第二，要学会站在对方的立场和观点上看问题。

第三，要积极在矛盾和冲突中寻找共同点。

同时，沟通还要避免出现以下情况：

第一，任意对别人进行评价。

第二，不恰当地询问。

第三，使用命令的语气。

第四，使用威胁的话语。

第五，模棱两可的观点。

第六，注意力不集中。

第七，言不由衷。

（六）表达能力

表达能力主要包括口头表达能力、文字表达能力、数字表达能力和图表表达能力等，应把握以下几点：

第一，敢于说，这是练好口才的前提。

第二，做到有话可说（拥有较宽的知识面），这是练好口才的基础。

第三，善于谈话，这是练好口才的关键。

文字表达能力也是各种高级专业人才必备的基本素质之一，而当前，很多高校毕业生的文字表达能力欠佳，这与部分高校的课程设置与培养模式不完善有关。因此，在校生应该抓紧时间研读有关著作和范文、多进行文字表达能力练习，以使自己的文字表达能力得到锻炼和提高。

（七）竞争能力

在现代社会，竞争能力是人们顺利完成某项活动所必备的一种心理特征，因而也成为人类所追求的一种能力品质。对于当代大学生来说，竞争能力的培养极为重要，在培养竞争能力的时候，应注意做到以下几点：

第一，要意识到竞争能力是自身发展和社会发展的需要。

第二，要意识到竞争是实力的展示，只有掌握较多的技能，善于把握时机，敢于展示自己，才会在竞争中取胜。

第三，要意识到竞争实际上是对人格的一种考验，必须在竞争中保持健康的心态。

（八）决策能力

决策能力是人们在面临多项选择时，及时、果断地作出选择的一种能力，它可以使人们用比较少的付出，获得较大的收获。培养决策能力，要注意做到三点：其一，克服从众心理；其二，增强自信；其三，注意把握全局，不求十全十美。

（九）动手能力

动手能力是将知识转化为物质的重要保证，是高级专业人才所必备的一项实践技能。对于高校毕业生而言，无论今后是从事教学、科研工作，还是在生产一线从事技术管理工作，其动手能力的强弱，都将直接影响其能力的发挥程度。因此，大学生应克服重理论、轻实践的倾向，努力做到基础理论扎实、实际动手能力强。

（十）团队精神

团队精神是人的社会属性在当今的企业和其他社会团体中的重要体现。现在的用人单位，一般都把个人能力和团队精神作为两个重要的评估标准，且更加强调后者。

（十一）德才兼备

德的内涵包括政治素质、事业心和责任感、务实作风和心理素质。强调德，不仅是时代对大学生提出的要求，还是用人单位在选择人才时非常看重的一个标准，因此大学生应努力使自己成为德才兼备之人，以在就业择业竞争中占据优势。

（十二）积极心态

积极心态不是具体的能力指数，但个人能力发挥得多少却取决于其心态是否积极。心理学所说的积极的心理暗示，对一个人的成功有着非常大的影响，乐观的心态对一个人的身心健康起着重要的促进作用。

二、大学生成功求职的必备素质

（一）在最短的时间内认同企业文化

企业文化是企业生存和发展的精神支柱，员工只有认同企业文化，才能与企业共同成长。企业在招聘时，会重点考查大学生求职心态和职业定位与企业的需求是否吻合，个人的自我认识和发展空间与企业的企业文化和发展趋势是否吻合。

因此，大学生在求职前，要着重了解所选择企业的企业文化，如果想加入这个企业，就要使自己的价值观与企业倡导的价值观相吻合，以便在进入企业之后，自觉地融入这个团队，以企业文化来约束自己的行为，为企业尽职尽责。

（二）对企业忠诚，有团队归属感

国有企业、外资企业、民营企业的人力资源管理者一致认为，宁可要一个对企业足够忠诚、哪怕能力差一点儿的员工，也不愿意要一个能力非凡但却朝三暮四的员工。

某企业的人力资源经理认为，员工对企业忠诚，表现在员工对企业事业兴旺和成功的兴趣方面，无论老板在不在场，都认认真真地工作、踏踏实实地做事。有归属感的员工，他会更加忠诚，而这可以让他成为一个值得信赖的人、一个老板乐于雇用的人、一个可能成为老板得力助手的人，最终也会实现他的理想目标。

企业在招聘员工时，除了要考查其能力水平外，个人品行也是重要的评估内容。没有品行的人，企业是不会聘用的，也不值得企业投入精力来培养他。在品行中，企业最关注的是员工对企业的忠诚度，那种既有能力，又对企业忠诚的人，才是企业最需要的人才。

（三）不苛求名校出身，只要综合素质好

有的企业不苛求名校和专业对口，即使是比较冷的专业也是一样，只要高校毕业生的综合素质好，学习能力和适应能力强，遇到问题能及时找到症结所在，并能及时调动自己的能力和所学的知识，迅速释放出自己的潜能，制定出可操作的方案，同样会受到企业的欢迎。

随着企业竞争的加剧，企业更加关注人才的质量。因为人才是创造产品、为企业赢得利润的主要因素。有些企业，尤其是技术含量不高的企业，不是只看重大学生的学习成绩，而是更加看重大学生的综合素质，这是现代企业的用人特点。因此，个人的综合素质比学历更重要。

（四）有敬业精神和职业素质

在新入职的高校毕业生中，有的在工作中遇到问题或困难，不及时与同事沟通交流，等到领导过问时才汇报，这会耽误工作的进展；有的上班迟到，理由是前一天睡得太晚，并没有意识到上班是不应该迟到的。而这些正是其没有敬业精神和职业素质差的表现。企业希望高校加强对大学生社会生存观、价值观教育，加强对大学生职业素质、情商、适应能力和心理素质的培养，最重要的是加强对大学生敬业精神的培养。

（五）有专业技术能力

专业技术能力是企业对员工最基本的素质要求。在招聘时，也许应聘者的能力差距不大，但在本科生和硕士研究生中，企业一般会倾向于优先录取硕士研究生，即学历更高者，但进入企业以后，学历高低就不是主要的衡量标准，企业会更看重其实际操作技能。

（六）沟通能力强、有亲和力

大学生最需要提高的能力就是沟通能力，企业需要的是能够运用自己良好的沟通能力与企业内外有关人员接触，能够合作无间、同心同德、完成组织使命和目的的人。

（七）有团队精神和协作能力

从人才成长的角度看，单个人是团队中的一员，其要有团队协作精神和协作能力，只有处在良好的社会关系氛围中，才会更加利于个人的成长。

（八）带着热情去工作

热情是一种强劲的激动情绪，一种对人、对工作和信仰的强烈情感。一个没有工作热情的员工，是不可能高质量地完成自己的工作的；只有那些对自己的愿望有高度热情的人，才有可能把自己的愿望变成美好的现实。

三、职业素养

职业素养是人类在社会活动中需要遵守的行为规范。个体行为的总和构成了自身的职业素养，职业素养是内涵，个体行为是外在表象。

（一）职业素养的三大核心

1.职业信念

职业信念是职业素养的核心，良好的职业素养包括良好的职业道德、正面积极的职业心态和正确的职业价值观意识。良好的职业信念，应该由爱岗、敬业、忠诚、奉献、正面、乐观、用心、开放、合作及始终如一等组成。

2.职业知识技能

职业知识技能是从事一个职业应该具备的专业知识和能力。俗话说"三百六十行，行行出状元"，一个人如果没有过硬的专业知识，没有精湛的职业技能，就无法把一件事情做好，就更不可能成为"状元"了。

因此，要把一件事情做好，就必须坚持关注行业的发展动态及未来的趋势走向，有良好的沟通协调能力和高效的执行力，懂得上传下达、左右协调，从而做到事半功倍。研究发现，一个企业之所以能够成功，30%靠的是战略，60%靠的是企业各层人员的执行力，10%靠的是其他因素。

各个职业都有自己的知识技能要求，每个行业有每个行业的知识技能特点。总之，学习、提升职业知识技能，是为了让人们把事情做得更好。

3.职业行为习惯

职业行为习惯就是在职场上通过长时间的"学习—改变—形成"，最后变成习惯的一种职场综合素质。信念可以调整，技能可以提升，要让正确的信念、良好的技能发挥作用，就需要不断练习，直到使其成为一种习惯。

（二）职业素养的内容

职业素养包括职业道德、职业思想（意识）、职业行为习惯和职业技能。前三项是职业素养中的根基部分，而职业技能是支撑职业人生的表象内容。前三项是世界观、价值观、人生观范畴的产物，是一个人从出生到退休，甚至死亡，逐步形成、逐渐完善的；而后一项，是一个人通过学习、培训获得的。例如，计算机、英语、建筑等是属于职业技能范畴的技能，人们可以通过三年左右的学习，掌握其入门技术，并在实践运用中日渐成熟。可企业更认同的道理是，如果一个人连基本的职业素养都不够，如忠诚度不够，那么技能越高的人，其隐含的危险就越大。

用大树理论来描述职业素养内容之间的关系比较直接：每个人都是一棵树，都有机会长成参天大树，其根系就是一个人的职业素养，枝、干、叶、形就是其显现出来的职业素养的表象，所以要想枝繁叶茂，先要根系发达。

为了培养大学生的职业素养，高校应从以下三方面着手，以满足社会的需要：

第一，将大学生职业素养培养纳入大学生培养系统工程，使大学生在进入大学校门的那一天，就明白高校与社会的关系、学习与职业的关系、自己与职业的关系。全面培养大学生的显性职业素养和隐性职业素养，并把隐性职业素养培养作为重点。

第二，成立相关的职能部门协助高校进行大学生职业素养培养，如以就业指导部门为基础，成立大学生职业发展中心，并开设相应的课程，及时向大学生提供职业教育和实际的职业指导，最好是配合提供相关的社会资源。

第三，深入了解大学生的需求，改进教学方法，提升大学生对专业学习的兴趣，满足大学生对本专业各门课程的求知需求，尽可能向大学生提供正确、前沿的学科信息。

第二节　大学生就业胜任力的内涵

一、胜任力的概念和结构

不同的研究者对胜任力的定义有所不同，且争议较大。其中，有代表性的定义有以下几种：

哈佛大学教授戴维·麦克利兰认为，胜任力是与工作绩效或生活中其他重要成果相联系的知识、技能、能力、特质或动机。但部分学者从更广泛的角度定义胜任力，认为胜任力包括职业、行为和战略综合三个维度。职业维度是指处理具体的、日常任务的技能，行为维度是指处理非具体的、任意的任务的技能，战略综合维度是指结合组织情境的管理技能。

R. 博亚特兹认为，胜任力是与有效或杰出的工作绩效相关的个体的潜在特征，可能是动机、特质、能力、自我形象或社会角色，也可能是其他所使用的知识等。

斯宾塞认为，胜任力是能将工作中有卓越成就者与表现平平者区分开来的个人的深层次的行为特征，它可以是动机、特质、自我形象、态度或价值观、某领域知识或行为技能，即任何可以被可靠测量或计数的且能显著区分优秀与一般绩效的个体的特征。

目前，尽管对胜任力还没有统一的界定，但不难看出，胜任力是绩优者在特定工作岗位、组织环境和文化氛围中所具备的、可以客观衡量的个体特征，以及由此产生的可预测的、指向绩效的行为特征。这些特征包括知识、技能、自我形象、社会性动机、特质、思维模式、心理定式，以及思考、感知和行动的方式。它们与工作岗位都有联系，具有动态性；强调通过工作情景表现出来的个体的价值观、动机、个性或态度、能力和知识等特征；与工作绩效关系密切，能够区分业绩优秀者与一般者，并且可以据此判断员工未来的工作绩效。

从系统性、相关性和可操作性的原则看，胜任力的特征结构包括个体特征、行为特征和工作的情景条件。个体特征是人可以（可能）做什么，分为五个层次，即知识、技能、自我概念、特质、动机。这五个层次的胜任特征组成一个整体的胜任力结构。其中，知识和技能是可见的、相对表面的、人的外显特征；特质和动机是隐藏的、位于人格结构深层的内在特征；自我概念位于特质和动机之间。行为特征是人会做什么，与胜任力关联的行为特征，即指在相似情景下能实现绩优的关键行为。工作的情景条件，即胜任力，通过一定的工作情景体现出来。胜任力是可以衡量的，也是可以培养的。在胜任力方面，有一种称为基于胜任力模型设计的培训，是对员工进行特定职位的关键胜任特征的培养，培训的目的是提高员工取得高绩效的能力、适应未来环境的能力和胜任力发展潜能，它分为五个步骤，即评估、解释、计划、培训和再评估。

二、胜任力的特征和应用

（一）胜任力的特征

胜任力的特征是界定胜任素质的关键性特征。

1.胜任力的作用

企业可以通过胜任力，清楚地了解其领导团队的行为能否带领整个企业达到预定的发展目标。

2.胜任力可以衡量

胜任力对预定目标的影响是可以衡量的，企业可以利用胜任力的可衡量性，评价其领导者在胜任力方面存在的差距，以及未来需要改进的方向和程度。

3.胜任力可以培养

胜任力一旦被确定，企业就可以通过培训等方式，促使其领导者进行学习，以达到胜任力的要求。

4.胜任力标准不同

两个企业可能在财务结果（包括员工成长及客户发展结果）上非常相似，但它们获取这些结果的方法，则依赖于根据其战略和企业文化设定的胜任力（见表2-1）。

表 2-1　胜任力标准

模块	胜任素质	维度
管理自我	成就导向	自我愿景、勇于挑战、承受压力、追求卓越
	学习创新	学习意愿、学习策略、学以致用、创新意识
管理他人	团队管理	团队合作、部属培育、有效激励、塑造文化
	沟通协调	有效表达、用心倾听、积极反馈、冲突解决
管理任务	客户导向	服务意识、挖掘需求、有效响应、持续共赢
	计划管理	计划制订、时间管理、执行能力、结果导向

5.胜任力会发生改变

随着企业管理水平的提高，胜任力模型中的胜任力是不断变化的，胜任力的变化程度会随着人们的年龄、阶段、职业生涯层级，以及环境等不同而有所不同。

（二）胜任力的应用

1.基于胜任力进行职务分析

基于胜任力进行职务分析，是以胜任力为框架，通过对优秀市场类员工的关键特征和组织环境与组织变量两方面的分析，确定岗位胜任力要求和组织的核心胜任力是一种以人员为导向的职务分析方法。通过这种方法确定的职务要求，一方面，能够满足目前组织对市场类岗位的要求；另一方面，也能适应组织发展的需要，即按照组织对未来发展的要求，重构岗位职责和工作任务，确认职务要求，科学调配"人"与"岗"，做到"人"与"岗"的最佳匹配。

2.基于胜任力进行人员选拔

基于胜任力进行市场类员工选拔，依据的是该工作岗位的优异绩效，以及能取得此优异绩效的人所具备的胜任特征和行为。根据岗位胜任力模型，对员工的价值观及其在过去所表现出来的能力高低进行判断，并与岗位胜任力标准对照，预测应聘者在该应聘岗位的未来表现，以作出相应的选用决策。这样做的根据是，处于胜任特征结构表层的知识和技能相对易于改进和发展，通过培训就可以获得；处于胜任特征结构底层的核心动机和人格特质难以评估和改进，所以它是最具有选拔经济价值的；处于胜任特征结构中层的社会角色和自我概念决定了人的态度和价值观，其改进和发展虽然需要一定的时间，有一定的困难，但可以通过培训或曾经有过的成功经历来改善。这样不仅可以为组织成功选聘人才，而且可以为有效降低人员的流失率做好铺垫。

3.建立基于胜任力的激励机制

基于胜任力分析设计的激励机制，要求企业与员工之间的关系是以劳动契约和心灵契约为双重纽带的战略合作伙伴关系，使员工与企业共同成长和发展，形成企业与员工双赢的局面。该体制包括建立合理、公正的绩效管理体系，建立与知识型员工的需求相吻合的价值管理体系两大方面的内容。

4.建立基于胜任力的培训机制

培训是人力资源开发的核心，准确把握培训需求，是实现高质量、高效率培训的前提，而"什么地方需要培训""员工需要哪些培训"等问题是首先要解决的，即培训内容是培训需求分析的关键。市场类员工胜任力模型的构建过程，不但可以评定各层次市场类员工现有的能力水平和素质现状，而且这些信息是量化的、有可比性的，这种差距就是培训的内容和目标所在。企业应及时发现员工的能力素质短板，对症下药，有针对性地设计培训内容和培训课程。

5.建立基于胜任力的评估机制

对目标的完成情况、绩效和能力的提高进行评估，可以帮助市场类员工完成目标，完善自我，以及了解自身在企业中的事业发展机会。对能力的评估通常包括员工的服务营销能力和素质优劣势、员工的潜在能力和发展趋势、员工需要什么样的能力和经验才能满足岗位所要求的条件、要采取何种培训才能弥补员工经验和能力的不足等，企业应对员工的能力素质进行评估，以充分了解员工的能力状态，分析妨碍员工获得更好绩效的能力障碍，以及员工的事业目标和他们的愿望。根据这些信息，制定员工绩效和能力发展目标及行动步骤，从而使员工在工作中不断改变自身的行为，取得个人和企业期望的绩效成果。

6.建立以能力为基础的薪酬体系

随着经济发展逐渐呈现知识化和信息化，以及组织结构发展逐渐呈现弹性化和扁平化，工作小组或团队已成为组织结构的基本单位，隶属一个工作团队的员工之间没有很清晰的职责划分，大家共同协作，共同对团队绩效负责，"无边界工作""无边界组织"成为组织追求的目标，工作说明书由原来细致地规范岗位任务和职责，转变为只规定岗位的工作性质、任务，以及任职者的能力和技术。相应地，薪酬体系也经历了以职位为基础到以个人能力为基础的变化，其中，宽带薪酬体系反映了以个人能力为基础的薪酬设计思想，对于具有不同能力结构的企业员工，企业可以设计不同的薪酬结构。

三、就业胜任力识别

（一）工作世界系统

工作不是孤立存在的，它存在于社会生产与生活中，并与社会的某些方面有着紧密的联系，人们称之为工作世界。

1.工作世界的内容

就业市场的形势：市场的大小、供求关系、在各地区各区域的分布。

教育方面的选择：考研、在职研究生、学校保送、就业扶贫、出国、研究生学历班、函授、自考/自学、在职培训、实习、成人教育、夜大、其他培训，以及资格认证。

专业与职业的关系：这个专业可以从事哪些职业。

具体职业：工作的性质，要求的学历、技能，薪酬福利、工作条件、工作地点、发展趋势和晋升的前景等。

公司/机构/学校：机构宗旨、文化、管理、提供的条件、工作要求和内容。

2.认识工作世界的方法

静态的资料接触：出版物、视听资料、行业展览会和人才交流、网络、机构、学校、政府、公司。

动态的资料接受：专业俱乐部、专业协会/学会、生涯人物访谈。

参与真实情境：直接观察、直接工作经验。

（二）不同岗位的就业胜任力

岗位不同，重点就业胜任力也不同。

销售类：抗逆力、高效沟通。

市场类：高效沟通、创新思维。

运营类一非制造业：高效沟通、求知欲。

运营类一制造业：结果导向、团队协作。

研发/设计类：求知欲、创新思维。

服务类/人力资源类：团队协作、高效沟通。

财务类：诚信正直、结果导向。

（三）岗位就业胜任力拆解

1.搜集岗位说明

岗位说明，又称工作说明或描述，是指用书面形式，对组织中各类岗位的工作性质、工作任务、工作职责与工作环境所做的统一要求。岗位说明应该明确任职者要做什么、如何去做，以及在什么条件下履行其职责。一个名副其实的岗位说明书，必须包括该项工作区别于其他工作的信息，提供有关工作是什么、为什么做、怎样去做，以及在哪做的清晰描述，它的主要功能是让员工了解工作的概要，建立工作程序与工作标准，阐明工作任务、责任与职权，有助于员工的聘用与考核、培训等。

2.拆解岗位胜任力

岗位胜任力是指在特定的工作岗位、组织环境和文化氛围中，有优异成绩者所具备的任何可以客观衡量的个人特质，如承担这个职务的资格和能力，以及他的素质等。

3.整理岗位胜任力

岗位胜任力包含了能力和素质两个方面，可将能力理解为解决实际问题的一些技术和水平，也就是人们常说的一些基本条件、任职资格等。任职资格可以说是岗位胜任力中的一小部分，但不能够等同于岗位胜任力，因为岗位胜任力包含更多的内容，而任职资格包括一些行为标准及其达标的标志。素质指的是胜任工作岗位所应具备的一些潜质，它受到遗传、家庭环境、教育、周边环境等多种因素的影响，需要经过长时间的潜移默化的过程而形成，是很难培养的。不同的人具有不同的素质，人们可以从职业素养、性格、观念意识三个方面对素质进行划分和界定。岗位胜任素质模型有三个重要特征：其一，与工作绩效有密切关系，可以预测员工未来的工作绩效；其二，能够区分优秀员工和一般员工；其三，与任务情景和岗位相联系，具有动态性。

4.个人胜任力评估

个人胜任力评估是指以岗位为对象，按照岗位所在序列的特定标准，采用科学的原理和方法，确定促使员工产生高绩效的关键指标，并据此对员工在实现岗位绩效目标过程中所表现出来的胜任力要素进行测量和评定的过程。个人胜任力的评估应包含以下几个方面：

（1）对胜任力的理解：如果企业有岗位胜任力模型，就按照模型中的素质能力要素编写；如果没有，就按照个人所理解的胜任力要素编写。

（2）个人胜任力的综合评价：综合来看，应是个人胜任力处在什么水平，优势与不足分别是什么。优势与不足要按照上一条提到的要素来分析。

（3）个人优势分析：通过日常的行为表现逐个要素地分析个人的优势，要有事实或事例支撑，避免空谈，并避免给领导带来过度膨胀的不良印象。

（4）个人不足分析：逐个要素地分析个人的不足，对自我的认知要客观，避免因过于谦虚而显得对工作毫无自信心。

（5）下一步自我提升的重点和措施：针对不足，提出自我改进和提升的计划，最好能区分出优先改进的要素项目。计划要具体，要有改进措施，能够让领导看到你改进、提升的可能性，不能只是喊口号而没有行动。

5.发展个人胜任力

在岗位胜任力评估实施以后，要根据评估结果，分析自己的不足，将迫切需要改善的方面作为个人发展的项目，并提出相应的发展措施进行改进和提升。要发展个人的胜任力，就要建立胜任力素质模型，把胜任力分解，有针对性地进行培训，并且还要在分解的同时，做到"总结—分析—提高—总结"。

四、基于胜任力的自我认知与职业定位

自我认知是指对自己的洞察和理解，包括自我观察和自我评价。自我观察是指对自己的感知、思维和意向等方面的觉察；自我评价是指对自己的想法、期望、行为及人格特征的判断与评估，这是自我调节的重要条件。

自我认知，也称自我意识或自我，是个体对自己存在的觉察，是对自己的行为和心理状态的认知。自我认知在个体发展中有十分重要的作用，具体如下：

第一，自我认知是认识外界客观事物的条件，当一个人不认识自己，也无法做到把自己与周围区别开时，他就不可能认识外界客观事物。

第二，自我认知是人的自觉性、自控力的前提，对自我教育有推动作用。人只有在意识到自己是谁、应该做什么的时候，才会自觉地行动。一个人认识到了自己的长处和不足，有助于发扬优点、克服缺点，取得自我教育的积极效果。

第三，自我认知是改造自身主观因素的途径，它能使人不断地进行自我监督、提高修养、自我完善。可见，自我认知影响着人的道德判断和个性形成，尤其对个性倾向性的形成更为重要。

进行职业定位，就是清晰地明确一个人在职业上的发展方向，它是人在整个职业生涯发展历程中的战略性问题，也是根本性问题。职业定位有三层含义：其一，确定自己是谁，自己适合做什么工作；其二，告诉别人自己是谁，自己擅长做什么工作；其三，根据自己的爱好、特长、能力及个性特征，将自己放在一个合适的工作（生活）岗位上。如果定位准确，一个人就可以更好地发展自己。很多人事业发展不顺利，不是因为其能力不够，而是没能对自己进行准确的定位，选择了并不适合自己的工作；很多人并没有认真地思考"我是谁""我适合做什么"，也不清楚自己要什么，因此无法体会如愿以偿的感觉；很多人把时间用在不适合自己的工作上，但随着竞争的加剧，会感到后劲不足。准确地进行职业定位，可以让自己获得更加长足的发展。

五、就业胜任力发展

（一）自我职场情绪管理和职场时间管理

1.自我职场情绪管理

每个人都有自己的情绪，且难免会带到工作中，但这可能带来连锁效应，并引起一系列本可以避免的麻烦，让人们的工作和生活都变得一团糟。

那么，在职场中，人们有了情绪该如何调控、有了压力该如何释放呢？人与人相处，如何才能保持平衡的心态、化解冲突呢？

管理情绪的目的是实现平衡、节制，减少负面情绪，增加正面情绪，增强幸福感，而不是只维持一种情绪，因此可以做到有以下几点：

（1）承认负面情绪。当感觉到自己有负面情绪时，就要承认自己的负面情绪，用更多的耐心来疏导自己，使它趋向一个平缓的状态，不要长期沉浸在负面的情绪中，而是要主动地走出这个情绪怪圈。

（2）尝试与自己独处。人们需要与自己独处，通过自我能量转换，让自己开心。例如，可以在一个星期里，进行自我情绪调配，做自己想做的任何事情，但建议是一个人来完成。

（3）调整作息。早睡早起，避免情绪的大幅度起伏，保持旺盛的精力，可以在很大程度上避免负面情绪的出现。

（4）职场沟通。在职场中，当自己提出需求而别人不配合时，或者当别人提出需求而自己觉得没有意义时，应尽量控制自己的情绪，不要争吵，自己要做的是尽量为对方提供沟通的方法和解决问题的办法。

（5）放慢速度。当自己与他人对一件事情的处理方式有分歧，而在短时间内无法解决时，要放慢自己的速度，先去收集对方的需求、观点，然后记下来，经过思考之后，通过其他的方式，再进行反馈或沟通。

（6）不要压抑，适当表达。情绪的能量是守恒的，如果压抑它，就会给身心带来很大的影响，人们应在合适的时间点，与合适的人表达这样的负面情绪。

2.职场时间管理

（1）时间管理是职业生涯规划管理中最为关键的一个项目。一位世界知名的企业家曾在《财富》杂志上提道："对我们大部分人而言，我们必须制定的、最重要的决策，就是如何使用自己的时间。对我来说，我就不会将自己的时间花在需要很多劳动力而成果却平凡无奇的事情上面。而且，只要我能找人去做的事情，我绝不会自己去做。"对时间的管理，实际上就是对资源和自我行为的管理，因为只有管理好自己的工作和生活时间，才能更好地提高效率，将有限的生命发挥出最大的潜能。

（2）要想管理好自己的时间，一定要有一些策略。首先，要设定时间使用标准，计划好做每件事情的时间，对每天的时间安排进行管理。其次，要找到最重要的事情。有研究者提出，真正重要的、有意义的事情，只占所有使用时间的20%，而剩余的80%的时间，往往都使用在了一些次要的琐事上。因此，要想有效利用和管理好自己的时间，一定要区分出哪些事情是重要的、需要尽快解决的，而哪些事情只是次要的、可以不予理会的。最后，在区分好事情的主次之后，就要找出正确的做事顺序，其顺序应该是重要而紧急的事、重要但不紧急的事、紧急但不重要的事、不紧急且不重要的事。

（3）时间管理能力是自我管理能力的一种，个体应有目的、有意识地计划、分配时间，并且执行该计划，从而达到提高工作效率、发掘潜能、获得成功的目的。每个职场人都应该知道时间管理对自己的重要性，做好时间管理，不仅能使自己的工作更有效率，而且会使自己的生活规划更合理。养成合理规划时间的习惯，就意味着在人生成功之路上踏出了关键一步。

（4）时间管理的重要性。对于大学生而言，越是善于进行时间管理，其成就的动机就越高。时间管理与个体幸福感呈现显著的正相关，时间管理与工作倦怠呈现显著的负相关。

（5）时间管理方法。

①备忘录：着重利用便条与备忘录，在忙碌中调配好时间与精力。

②日程表与预约表：强调行事的日程表和预约表，可以反映出自己在进行时间管理时已注意到了计划的重要性。

③强调优先顺序：将有限的时间、精力加以分配，按照优先顺序行事，争取实现最高的效率。

④罗盘理论：强调每一天的行动都要与未来的方向一致，与目标接近。

（二）高效沟通和职场适应

1.高效沟通

在人们的工作和生活中，不好的、无效的沟通会给人们带来很大的伤害或损失。在工作中，如果缺乏沟通的技巧，就无法正常地与同事合作完成工作，工作效率也会降低，还会影响个人的职业生涯发展。如何实现高效沟通呢？应注意做好以下几点：

（1）对事不对人。人们在沟通时应严格遵循对事不对人的原则，应就事论事地进行沟通，这也是专业沟通的表现。

（2）要明确沟通。明确就是在沟通的过程中，所说的话一定要非常明确，能让对方有准确的、唯一的理解。

（3）关键的沟通技巧，即积极聆听。聆听的原则应包括：适应讲话者的风格；眼耳并用；首先寻求理解他人，然后再被他人理解；鼓励他人表达自己，对其表现出聆听的兴趣。在工作中，总会遇到一些不如意的事情，如何实现与同事的有效沟通、和谐相处，应成为每个职场人都必须掌握的技巧。

2.做好抗压的心理准备

在职场中，有很多工作都是需要时间和精力去完成的，因此必须敢于承担繁重的工作，把吃苦放在前面，把享乐放在后面，积极调整自己的心态，敢于应对压力和挑战，把自己的工作潜能发挥到极致。

3.尽快适应新的工作环境

无论你身处何种岗位,面对同事、领导和工作任务,都会有不适应的情况发生,可能会对你的思想造成影响。因此,进入新的工作环境以后,要尽快调整好自己的心态,乐观作为、积极肯干。

4.有谦虚的学习心态

无论你在职场中多么能干,都必须具备学习的能力,积极学习前辈的工作经验。学习有助于自己成长、丰富自己的知识和阅历。

5.杜绝耍小聪明

作为新职员,必须实事求是、脚踏实地地按照企业的规章制度工作,不能耍小聪明。

6.杜绝帮派之争

在职场中,一些人为了利益拉帮结派,这就需要人们擦亮眼睛去甄别、去观察,远离派系之争,做好自己,踏实工作。

(三)职业决策与行动

职业决策是个人根据各种条件,在一系列活动以后,进行的目标决定,以及为实现目标而制定优选的个人行动方案。

职业决策是一个复杂的认知过程,决策者根据职业环境等相关信息,在仔细考虑各种可供选择的职业前景之后,作出职业行为公开承诺。

1.树立职业规划意识,储备职业选择知识

严格地说,职业生涯规划虽然是个人的事情,但也是社会环境和所处世界中的一部分,人口变动、政治决策、技术进步、地理位置变化、经济兴衰和文化价值变迁等外部因素都会影响职业生涯规划。而在社会变迁与工作发展的过程中,越来越多的人认为有意义的工作正逐步取代金钱而成为成功的标准,这将是一种新的或重新被强调的工作价值观。人们参加工作是希望能在工作中得到成长,因此应具备职业规划意识,为职业选择储备更多的知识,体现自身的价值。人们对意义、价值等抽象概念的追求,表明其对工作的期许不仅仅停留在维持生存上。

2.了解兴趣、认识人格,强化动机、树立目标

兴趣是指任何能唤起人的注意力、好奇心或者投入的事物,它是内在的,是可以使

人趋向于某些事物而放弃其他事物的东西。要了解自己的职业兴趣，填写人格量表或职业兴趣量表不失为一个好方法，但兴趣测试分数的高低，并不代表能力的高低，其获取的只是职业好恶模式信息，有助于测试者发现自己的职业偏好，并非一个人能否做好某件事的能力判断。

要想在事业上获得成功，较高的职业满意程度是必不可少的条件。如果职业满意程度较低，人的心里就会堆积不少怨气，很难专心致志地在工作岗位上耕耘。不过，职业满意程度高未必就能成就一番事业，还需要把实现目标当作一个挑战，而且这个目标必须是可行的、可信的、可控的、可界定的、明确的、属于自己的、能促进成长的，以及可量化的。

动机是一种个人内部心理活动的过程，它驱使人们有目的地采取一些行动。要想实现某个目标，人们就必须具备成就动机，也就是去实现该目标，以满足自己的需要。对于成就动机，有这样的描绘：以达到卓越为目标，永无止境地投入精力，不断地领先，不断地提高过去的纪录，击败竞争者，更快、更好、更有效率地做事，在面对难题时会用独特的方式加以解决。成就动机是激发人们实现目标的动力，也是人们能否成功制定职业生涯规划的关键因素。对于职业生涯规划来说，一旦建立了职业生涯目标，成就动机就是实现职业生涯目标所需要的驱动力和能量。

3.认清能力与价值观，并进行自我分析

兴趣表明一个人喜欢做某事，能力则表明一个人能运用某项技能做某事。一个表达了人的偏好，一个则指出人胜任与否的资格。一个人能欣赏音乐，但并不代表其能流畅地演奏乐器，因此兴趣和能力是两个截然不同而又相互独立的、需要考虑的因素。

当一个人将功能性、内容性和适应性技能融合为一种技能时，其就能够非常具体地表达。在向他人表达自己的技能时，为了提供一个清楚、简短的描述，说明自己能做什么、又是如何做的，就要将三者结合在一起。

4.制定职业生涯决策，作出明智的职业选择

通过一个理性的过程进行职业决策并不容易，它要求人们找到专业前景、探索职业选择、研究自己的个性特征，以向自己或他人解释、说明职业选择。

收集自己感兴趣的职业信息，是职业生涯规划的核心部分，职业的选择取决于自己收集到的信息。要判断一种职业是否具备自己在工作中寻找的特点，就要了解这种职业的主要内容，即工作的性质，教育、培训和经历，个人素质、薪酬回报、工作条件、工

作地点，在该行业中的工作者的人格特征、雇用和晋升前景，个人在工作中获得的满意感、利益、其他人的感受等。收集职业信息的方式包括：查阅出版物、与在职者或行业专家沟通交流，以及尝试开展实际的工作。在收集的过程中，要尽量保证获得的职业信息是准确的、最新的、客观的、全面的和易于阅读的，使自己获得更大的收获。

（四）就业动力提升

1.培养竞争意识和创新观念

竞争意识和创新观念，是适应现代社会不可缺少的。竞争就是在优胜劣汰这一法则面前，各种事物对生存权利的争取。竞争必然会给人带来巨大的压力，任何置身于竞争环境中的人总是想争取优胜，避免被淘汰。竞争还必然推动优化，使参与竞争的个体相互学习、取长补短。竞争意识是推动个体努力学习、自觉提高职业素质的动力。所谓创新，就是不因循守旧、不墨守成规，敢于独辟蹊径，创造新的产品、开辟新的职业领域。创新就是要打破安于现状、听天由命、依赖别人的人生观。一个人仅有文化知识和职业技术是不够的，还必须具有创新观念与创业精神，这样才能更好地实现就业和创业。

2.培养适应变化的能力

职业内容的不断更新和新型职业的不断产生，导致现代职业对人的素质提出了更高的要求。随着新资源的开发、新技术的发明与应用、生产工具的革新、生产组织的改革和管理水平的提高，人们不仅要具备更高的科学技术知识和操作技能，还要打破传统观念、解放思想、开阔思路，树立时间观念、效率观念和合作观念。同时，人们要摒弃一次选择定终身的传统的职业选择观念，适时调整自己与外界的关系，不断提高自己的职业素质，以适应不断发展的职业要求。

3.培养广泛的兴趣

兴趣是人活动的心理动力之一，作为个性倾向的重要内容，它创设了一种积极进取、主动热情的心境，支持人们去探索和参加各种活动。人一旦对某件事情产生了兴趣，便会聚精会神地投入其中，克服一切困难，直至最后取得成功。一个人只有对自己所选择的职业感兴趣，才能敬业乐业，在职业岗位上全身心地投入，才能充分发挥自己的聪明才智，从而做出成绩。广泛的兴趣还可以使人开阔眼界，一个人的兴趣越广泛，知识越丰富，他在事业上的选择性就会越大，成功的机会也就越大。

4.重视能力补偿

职业适应的关键心理因素是人的能力结构，如果能力结构与职业要求相符，人的职业适应性就强，反之则弱。但人可以通过能力补偿效应增进自己的职业适应性，尽量使活动不受影响。这种补偿不仅发生在不同的能力之间，而且表现在气质与能力、性格与能力，以及个性的积极性与能力之间的互补互替。

5.培养良好的职业品格

职业道德作为人们从事职业活动时在思想上必须遵守的准则和规范，是社会主义道德在职业活动中的具体体现，它直接影响人们的工作态度、工作热情和行为方式。良好的职业道德，是抵制各种不正之风、转变社会风气、建立良好人际关系的重要保证。

一个人要想在事业上取得成功，就必须树立正确的职业理想、职业价值观和人生观；应具有忠于职守、献身事业的乐业、敬业精神，实事求是、严肃认真的劳动态度，刻苦钻研、精益求精的工作作风，以及在职业活动中团结协作和全心全意为人民服务的精神。在职业活动中，无私、正直、勤奋、诚实、守信、坚定和勇敢等优秀的职业品质，是人们在工作上做出成绩的必要条件。

6.提高身心健康水平

现代科技的高速发展，造就了竞争激烈的社会环境，这种环境会给人们带来心理压力，再加上繁重的工作，就可能导致人们精力不足、体质较弱和一些心理疾病的发病率提高。许多事例表明，生活中遭受的挫折、紧张的工作等会使人的心理压力增大，一些人被抑郁、焦虑、紧张和自卑等情绪所纠缠。一个身体羸弱、心情烦闷、情绪低落的人，不可能有勃勃的兴致及充沛的精力去从事复杂、细致的脑力劳动，并适应竞争激烈的职业世界。心理健康主要依靠自我调节，只有通过不断地调节，使个性心理得到健康、和谐的发展，才能提高职业的适应能力。

第三节　大学生就业能力的培养

一、基于大学生个体内在因素的培养措施

（一）提高大学生的就业能力

1.提高规划学习的能力，提高就业能力

规划学习的能力，就是大学生根据其所要从事的职业的发展趋势，并结合个人发展的需要，以此来规划、调整学习方法的能力。这是一项长期的活动，必须懂得学什么、在何时学、在何处学等，要时常反思现在的知识结构能否胜任现在或将来的职位。只有这样，才能懂得学习的要求、控制自己的学习过程，并及时调整自己的学习方法，快速地适应自己所处的复杂环境，最终使学习活动达到预期目的。

2.认真做好自身的职业生涯规划，提高就业能力

做好职业生涯规划，应先树立正确的职业理想。大学生在确定了自己理想的职业后，就会依据职业目标规划自己的学习和实践，并为获得理想的职业做好准备。做好职业生涯规划，还要正确进行自我分析和职业分析。自我分析是通过科学认知的方法和手段，对自己的兴趣、气质、性格和能力等进行全面分析，了解自身的优势与特长、劣势与不足。职业分析是指在进行职业生涯规划时，充分考虑职业的区域性、行业性和岗位性等特性，如职业所在行业的现状和发展前景、职业岗位对求职者的自身素质和能力要求等。

3.提高自己的社会适应能力，提高就业能力

在就业前，大学生要注重培养自身适应社会、融入社会的能力。社会实践平台，可以提高大学生的组织管理能力、心理承受能力、人际交往能力和应变能力等；还可以了解就业环境、政策和形势等，有利于他们找到与自己的知识水平、性格特征和能力素质等相匹配的职业。对社会和环境的适应，应该是积极的、主动的，大学生只有具备较强

的社会适应能力，走入社会后才能缩短自己的适应期。因此，在不影响专业知识学习的基础上，大胆走向社会、参与包括兼职在内的社会实践，是大学生提升自身就业能力和尽快适应社会的有效途径。

4.培养良好的心理素质，提高就业能力

在求学过程中，大学生要不断提高自身的心理素质，尤其是在日常的生活中，更要努力使自己养成坚强的性格；在求职中，大学生要充分了解就业信息，沉着、冷静地应对各种困难，保持积极、乐观的心态，努力克服一切困难。

5.培养良好的职业精神，提高就业能力

大学生要想在事业上取得成功，就必须树立正确的职业理想、职业价值观和人生观，培养良好的职业精神，提高自己的就业能力。

（二）培养大学生的专业素质和综合素质

1.专业素质

素质是一个人在社会生活中思想与行为的具体表现。素质是一个人文化水平的高低，身体的健康程度，家族遗传于自己的惯性思维能力、对事物的洞察能力和管理能力，智商、情商层次高低及其与职业技能所达到级别的综合体现。

人的素质包括自然素质、心理素质和文化素质。素质只是人的心理发展的生理条件，不能决定人的心理内容与发展水平，人的心理活动是在遗传素质与环境教育相结合中发展起来的。人的素质一旦形成，就具有内在的、相对稳定的特征，因此人的素质是以人的先天禀赋为基础的、在后天环境和教育影响下形成并发展起来的、内在的、相对稳定的身心组织结构及其质量水平。

专业素质主要是指系统的知识结构，扎实的理论功底，精深的专业知识，不断更新的知识。对于大学生来说，大学阶段是一生中重要的时期之一。大学生要配合学校的培养任务，完成对其知识、技能等显性职业素养的培养。职业行为和职业技能等显性职业素养比较容易通过教育和培训获得。学校的教学及各专业的培养方案，旨在使大学生获得系统化的基础知识及专业知识，加强大学生对专业的认知和知识的运用，并使大学生获得学习能力、养成良好的学习习惯。

专业能力是指从事职业和创业活动所必需的知识和技能，以及运用已掌握的知识和技能解决工作中实际问题的能力，是人们从事某一特定社会职业所必须具备的能力和本领，是能力培养中最基本、最重要的能力，更是影响就业力的重要因素。专业知识和技能，是适应社会生活、对社会有所贡献必须具备的素质。一般来说，高校毕业生在就业后能否很快适应专业工作的要求，获得用人单位的领导和同事的认可，首先与其掌握的专业知识技能密切相关，其掌握的专业知识技能水平越高，就越能胜任工作，越有利于处理工作中的各种关系，更利于形成良好的职业发展循环。专业能力包括以下几个方面：

（1）合理的知识结构。专业知识和相关知识的掌握能力历来为人们所重视，也是用人单位选人最重要的依据，只有具备广博、扎实的专业知识和相关知识，在实际工作中才能驾轻就熟、得心应手，才能运用所学知识去开拓创新。但对于知识的学习与学习能力的培养，一定要注重知识结构。知识经济时代的核心思想是把知识作为职业发展的重要因素，这是因为一个人所具有的能力与他们所掌握的知识、技能是相互联系、相互制约的。一个人的能力直接决定其职业状态，所以最终是通过知识增进职业进程的。

（2）过硬的专业技能。专业技能包括智力技能和操作技能，体现的是一种实际工作能力和岗位能力。智力技能是在大脑内部借助于内部语言，以缩减的方式，对事物的印象进行加工改造而形成的，它以抽象思维为主要特征。能力的操作过程，无论是机械的，还是非机械的，是自动化的，还是非自动化的，是熟练的，还是非熟练的，都是在智力的指导、支配和调节下进行的，包括观察力、注意力、记忆力和想象力等一般能力。智力技能的形成，对于解决生产中的难题、进行技术更新改造，以及从业人员开创性个性品质的养成，具有很大作用。

操作技能由一系列外部动作构成，是经过反复训练形成和巩固起来的一种合乎规则的随意行动方式。操作技能是专业技术能力的有机组成部分，也是形成专业综合能力的基础。操作技能要通过对动作的认识和联系，达到协调和完善，操作技能虚拟训练总要通过认识动作样板、了解动作程序、掌握动作关键，从而理解整个动作，进而反复练习，使之有机联系、相互协调，最后形成连锁反应，接近自动化动作，达到准确性、协调性、速度和技巧利用的定型。

（3）较高的计算机和外语水平能力。计算机和外语水平的高低，是用人单位选择毕业生的一个重要条件。随着科学技术的日益发展和改革的不断深入，用人单位的对外交往逐年扩大，生产技术、办公自动化程度逐渐提高，计算机和外语已成为各种人才必备的应用工具。

2.综合素质

培养大学生的综合能力，是提升大学生就业能力及胜任力的重要策略之一。高校为实现大学生就业能力与胜任力的提升，在培养大学生综合能力的过程中，要重点培养大学生的适应能力、团队合作能力和人际沟通能力，使大学生的综合能力能满足企业的人才聘用要求。高校可以为大学生组织多种综合能力培养活动。例如，高校可以组织大学生到不同类型的企业参观，或者为大学生提供到企业实习的机会，使大学生能够提前接触不同的工作环境，提升大学生的适应能力；也可以组织大学生参与团队比赛类的活动，增强大学生的集体荣誉感，使大学生在合作的过程中，能够解决出现的相关问题，提升大学生的团队合作能力。

二、基于大学生就业外部因素的培养措施

（一）政府应加大政策支持力度

1.开展大规模职业培训

职业培训包括就业前培训、在职培训、再就业培训及其他职业性培训，可以根据实际情况分级分类实施。职业培训可以由相应的职业培训机构、职业学校实施。其他学校或者教育机构以及企业、社会组织可以根据办学能力、社会需求，依法开展面向社会的、多种形式的职业培训。

2.提高公共就业服务的提供能力

政府不断提高公共就业服务的提供能力，特别是不断加强对就业困难人员、失业人员的职业指导、职业介绍和政策帮扶；允许劳动者在户籍所在地、常住地、求职就业地参加由政府付费的培训和职业教育；失业人员可以在常住地登记失业，申请后被认定为就业困难人员的，可享受就业创业扶持政策和就业援助政策；通过以工代赈、开发公益性岗位等，安置难以市场化就业的人员。

3.拓宽就业渠道

高校毕业生就业是全社会就业工作的重要组成部分，政府要积极引导国有企事业单位开展面向高校毕业生的招聘工作，以补充其专业技术人员和管理人员，支持中小企业和非公有制单位吸纳高校毕业生，鼓励高校毕业生自主创业和灵活就业。政府组织的各类重点建设工程和项目，所需人员要优先从高校毕业生中录用。各级政府在城市社区建设中，要积极吸纳高校毕业生在社区管理、高技术服务等新兴社会工作岗位就业。各级

机关，特别是县、乡机关，要按照公开、平等、择优的原则，加大从高校毕业生中考录公务员的力度，基层公安、司法、工商、税务和质检等执法部门新增人员，应优先从高校毕业生中考录，以调整基层机关干部队伍结构，提高基层干部队伍素质。除此之外，还可采取政府购买就业岗位的方式，加强社会服务工作，促进大学生就业。

4.鼓励、引导大学生面向基层就业

大力倡导高校毕业生发扬自强自立的精神，在就业时不等不靠、不挑不拣，勇于到市场经济大潮中拼搏竞争。各级党委和政府要创造良好的政策环境和市场条件，鼓励和支持高校毕业生到基层自主创业和灵活就业，继续实施好"大学生志愿服务西部计划"、"三支一扶"计划、"农村义务教育阶段学校教师特设岗位计划"等专项计划。对从事个体经营的高校毕业生，除国家限制的行业外，自工商行政管理部门登记注册之日起3年内免交登记类、管理类和证照类的各项行政事业性费用。加强对大学生创业意识的教育和创业能力的培训，为到基层创业的高校毕业生提供有针对性的项目、咨询等信息服务，对其中有贷款需求的，提供小额贷款担保或贴息补贴。有条件的地区，可通过财政和社会两条渠道筹集"高校毕业生创业资金"。对于高校毕业生以从事自由职业、短期职业、个体经营等方式灵活就业的，各级政府要提供必要的人事劳动保障代理服务，在户籍管理、劳动关系形式、社会保险费缴纳和保险关系接续等方面提供保障。

5.认真做好帮助家庭经济困难的高校毕业生就业的工作

各高校要针对家庭经济困难的高校毕业生的特点和需求开展就业指导，提供"一对一"的就业服务和重点推荐，并给予他们适当的求职经济补贴。各级政府和有关部门要把家庭经济困难的高校毕业生的就业援助工作，纳入政府援助困难群体就业的政策体系。各级国家机关和事业单位招录工作人员，不得违反国家规定设立的收费项目，对家庭经济困难的高校毕业生提供必要的帮助，以减轻其求职负担。各地有关部门要对离校后回原籍的"零就业家庭"未就业的高校毕业生进行逐户逐人登记，优先安排他们进入高校毕业生就业见习基地，给予见习补贴，并实施重点帮助，提供有针对性的就业服务和公益性岗位帮助。民政部门要按照有关政策和规定，对符合条件的家庭经济困难的高校毕业生给予最低生活保障或临时救助，切实把党和政府的关爱落实到家庭经济困难的高校毕业生身上。

6.全面加强高校毕业生就业服务工作

政府开设的公共就业服务机构、人才交流服务机构、高校毕业生就业指导服务机构，

应为高校毕业生提供免费的政策咨询、职业指导、求职推荐、人事劳动保障代理等多种服务。对于有条件的省、区、市，鼓励其设立毕业生就业服务常设场所，高校毕业生就业市场、人才市场、劳动力市场要实现相互贯通和信息共享。进一步建立和完善国家大学生就业供求信息发布制度和网上联合招聘制度，加强对各类招聘活动的监管，规范招聘收费行为，严厉打击虚假招聘。

促进高校毕业生就业是就业工作的重中之重，关系经济持续健康发展、民生改善和社会大局稳定。鼓励高校毕业生到基层就业、到小微企业就业和灵活就业；对离校未就业的高校毕业生，实施实名制服务，有针对性地提供岗位信息、职业指导和培训见习等服务措施。

（二）高校应优化课程设置

高校若要实现大学生就业能力与胜任力的提升，就要采取完善教育课程设置的策略，重视大学生的基本素质培养，提高大学生的基本技能。大学生的专业基础知识和技能是用人单位在招聘毕业生时首先要考虑的因素，实践技能的培养，应融入专业课程规划。高校要积极与企业和社会机构合作，通过顶岗实习等形式多样的实践活动，锻炼大学生的社交能力和实践技能，提高大学生的社会适应性；要完善以就业胜任力为导向的人才培养模式，让所有大学生都有充分的机会利用大学教育发展自己的就业胜任力。实施的重点应包括推行通识教育与弹性学制，延缓专业分流，扩大学生的职业发展和选择空间，提高其对产业人才需求变化的适应性；鼓励教师在教学方法和课程内容中融入表达沟通、团队合作、问题解决等就业能力方面的培养。

高校完善大学生就业课程设置，需要重点增设大学生就业指导课程，将该课程面向校内所有大学生开放，或者每年都安排就业指导课程，以课程内容的细化，为不同年级的大学生提供有针对性的就业指导教育，从而有效提升大学生的就业能力与胜任力。

高校还可以通过开设必修课、选修课、实践活动或体验式课堂的方式，实现就业指导教育的全面融入。在全面接触就业指导课程的情况下，大学生在大学一年级时就能认识到具备就业能力与胜任力的重要性，使其产生提升自身就业能力的意识，以便其在大学二年级与大学三年级对自身的就业目标进行调整，提高自身的就业能力，在大学四年级时可以从容应对就业问题。

（三）应加强校企合作

高校应加强与企业的合作，以此来提升大学生的就业能力与胜任力。例如，高校可以联合企业共同建立人才培养平台，使高校人才培养工作与企业需求紧密联系，大学生可以在校内丰富自身专业知识、在企业提升自身能力，从而有效提升大学生的就业能力与胜任力。就业实习和见习基地是大学生走出校门进入社会前的实践平台，鼓励大学生进入实习基地实习，以增强工作的认知能力和实践操作能力，能够让大学生真正认识到学习与社会工作之间的差距，适当地调整自己的职业生涯规划和择业心态，找到自己合理的行业目标和岗位目标，避免盲目自信和悲观失望，从实习实训中找到自身的优缺点，尽量提高自身的综合素质，使自己的能力与市场岗位需求相匹配，减少进入社会的障碍和壁垒，最终找到自己满意的工作。

（四）鼓励高校毕业生自主创业

鼓励高校毕业生自主创业，以创业带动就业，在创业中提升大学生的就业能力。大学生创业教育是我国近年来大力提倡和发展的项目之一，是提升大学生就业能力的重要手段。大学生在创业的过程中，无论是专业素养，还是社会交往能力，都会在建立公司或者其他形式的社会组织过程中得到锻炼和提高。从客观的角度来说，创业不是一个人的事情，可能是一个家庭，甚至是以一个家族为背景的投资。高校毕业生已具备了基本的专业知识储备，但创业要想取得成功，社会资本积累往往占据重要地位，甚至是决定成败的关键因素。创业难于普通就业，创业者所要具备的素质和能力也比一般的就业者高，换句话说，提升了大学生的创业能力，也就是提升了大学生的就业能力。鼓励高校毕业生创业，也是提升大学生就业能力的一个重要途径。

第三章　大学生创业教育课程体系构建

第一节　大学生创业教育课程体系建设的目标

　　正确定位创业教育的培养目标，是构建创业课程内容、选择教学方式方法的基础和前提条件，目标定位是否科学合理，直接影响着创业课程实施的效果。根据我国当前创业教育的发展状况和进度，以及国家相关政策文件关于创业教育的基本要求和引导方向，我国创业教育的开展是面向全体学生的、开展全校性的创业教育，旨在培养学生的基本创业素质，启蒙学生的创业意识，唤醒学生的创业精神，但同时也要分类施教、注重引导，对确有创业才华和实力的学生着重培养，为其创业之路提供更多的支持和指导。在具体实施的过程中，创业课程内容与专业特点相结合，强调实践性，在掌握创业基本理论和知识的基础上，训练、培养学生的创业技能和创业实践能力，使其具备创业的基本素质和能力。因此，根据对创业教育目标的理解，针对我国创业教育的开展情况，高校创业课程体系的目标构建应从以下三个方面加以定位：

一、与高校的人才培养目标一致

　　社会赋予高校的职能就是培养人才。在多年的高等教育发展史中，尽管人才培养作为高校的一个重要职能始终没变，但人才培养的规格、内容和方式方法都发生了很大的变化。因为高校的培养目标归根结底要反映一定社会经济发展对人才素质的需求，社会经济环境的变迁和社会需求的变化必然会引起高校培养目标的变革。

　　19世纪末，随着科学技术的发展和工业革命的深入，社会劳动越来越专业化，仅有发达智力和高尚品格的学生已经难以适应社会的需要。高校培养的人才还必须掌握一定的专业知识和技能。这时，自由教育传统开始萎缩，专业设置日趋多样化。在人才培养目标上，开始重视培养掌握专业知识和技能的实用人才，即专门人才。

随着劳动力市场对专门人才的需求越来越大，在高等教育中开展应用性课程逐渐受到人们的青睐。另外，随着学系制的发展，学系成为负责教学工作的组织，相应地缩小了人才培养的口径，使专业教育逐渐确立了主导地位，甚至出现了过分专业化的倾向。

从 20 世纪 20 年代起，专家和学者开始谴责专业教育和专业化。这时，美国提出了通识教育的概念，希望在专业化的时代教授给学生一些共同的知识。正如哈佛大学校长劳威尔所言，自由教育的最佳目标是培养知之甚广，而在某一方面又知之甚深的人。但无论是培养通才、专门人才，还是培养全面发展的人或者是有教养的人，都是为特定社会的工作岗位培养人才，都是为了让高校毕业生找到适当的工作岗位。

随着第二次世界大战的结束和大批退伍军人走进大学校园，面对经济亟待恢复和就业岗位不足的挑战，迈尔斯梅斯在哈佛大学商学院为 MBA 学生开设了新企业管理课程，彼得德鲁克在纽约大学开设了创业与革新课程，自此，以培养学生自我创业能力为目的的创业教育在美国兴起。起初，创业教育仅仅作为商学院的边缘课程而存在。随后，创业学作为商学院本科生教育和研究生教育专业诞生，再到后来创业学科突破商学院的边界，成为所有学生学习的内容之一，创业教育也逐渐成为人才培养的重要组成部分。创业教育的主要目的是培养学生个人创业所需要的观念和技能，使他们能够辨认出别人可能忽视的机会，培养他们的洞察力。至此，高校的人才培养目标实现了从就业教育向创业教育的转变。

国外只是提出了创业教育的概念，而我国则是将创新教育与创业教育相融合，提出了创新创业教育的概念，因为创新与创业是密不可分的，创新是创业的基础和核心，创业则是创新的重要体现形式。高校的创新创业教育要全面贯彻党的教育方针，落实立德树人的根本任务，培养德智体美劳全面发展的社会主义建设者和接班人，加快建设高质量教育体系，发展素质教育，促进教育公平。

二、共性目标与个性目标相结合

创业课程体系的共性目标定位，是开展全校性的创业课程，培养学生以创业意识、创业精神、创业品质为核心的创业基本素质。具体来说，创业教育是针对全校范围内的学生开展的，旨在通过教授创业课程，使学生掌握基本的创业理论知识，具备一定的创业意识和创业精神，提高创业技能和创业能力，培养良好的创业心理品质的一种创业基本素质教育。高校开展创业教育的目的并不是要每名学生都去创业、成为创业者，而是在创业知识的传递过程和氛围浸染中影响学生的创业意识，熏陶学生的创业精神，使学生系统地掌握创业的专业知识和创业技能，具备较强的创业质素和创业能力，形成比较稳定的创业素养及创新性、开创性个性，成为具有较强竞争力、较强社会适应力、较强发展潜力的人，无论以后是自主创业，还是选择企事业单位就业，都能够开创性地开展工作，胜任工作岗位的职责和要求。

创业课程体系的个性目标定位，是针对具有强烈创业愿望和确实有创业才华的学生，分类施教，注重引导，着重培养他们以创业实践能力为核心的创业综合能力。创业教育的最终目标或最后产出结果，是要把创意转化为行动或实践的。在具体的创业实践中，创业者自身所拥有的由创业知识、创业意识、创业心理品质和创业实践能力四部分组成的创业综合能力素质，直接影响着创业活动的方式、效率和结果。针对不同类别的学生，高校创业教育课程体系的目标设置应有所区别，要善于发掘那些在创业方面表现出强烈愿望且有特殊才华和实力的学生，着重培养他们的创业技能和创业实践能力，并为他们提供场地、资金及技术等方面的支持，为创业活动的开展和项目的后续发展提供保障。

高校开展全校范围内的创业教育课程时，要把共性目标与个性目标相结合，使全校学生了解、掌握创业基础知识和理论，启发创业意识，培养基本创业素质。对于在创业方面有才华、有热情、有浓厚兴趣的学生，要着重培养，提供校内优惠政策、资金技术及场所支持，培养其创业技能，夯实其创业能力。

三、与专业教育目标对接

培养什么人、怎样培养人、为谁培养人是教育的根本问题，是学校开展教育活动的出发点和基本归依，是课程设置的基本依据，也是建设教育强国的核心问题。创业课程体系的设置是一项系统化的工程，要考虑创业课程与专业课程的融合，将创业教育的人才培养目标纳入专业教育的人才培养目标中，实现与专业教育目标的对接，整合学生的多种能力，而不是设定千篇一律的、单一的培养目标和能力目标。千篇一律的培养目标指导下的高等教育培养出来的学生，虽然专业理论知识较强，但创新创业能力却相对较弱，学生的个性特点容易被忽视，个性需求得不到满足。因此，高校要考虑学生的差异性，将创业教育、专业教育及素质教育有机结合起来，将人文教育与科学教育有机结合起来，形成多层面、多层次的人才培养目标，整合学生的多种能力，使其既拥有适应未来创业所需要的创业素质、创业知识、创业心理品质和创业能力等有关理念和知识，又具备良好的科学知识素质和人文精神素养，成为集专业技能、创业技能和创业精神于一身的优秀人才。

第二节　大学生创业教育课程体系建设的原则

创业课程体系的设计，通常包括恰当的课程形式、完整系统的课程内容、科学有效的评价三个方面。恰当的课程形式，是指针对高校学生群体，采取什么样的形式进行课程教学。完整系统的课程内容，是推动创业教育落实的基础，也是推动创业教育的一项重要策略。科学有效的评价，是推动创业教育发展的重要手段。基于此，从宏观角度看，我国高校创业课程体系的设计应遵循以下三个原则：

一、创业课程与专业课程相融合

高校创业课程体系设置，要将创业课程内容融入日常专业课程之中，培养学生的创业精神和创业素质，使其掌握一定的创业知识和创业技能。高校要开设创业通识课程，尽可能地扩大创业课程的普及面，涵盖全校范围内的学生；要对课程的修习方式作出明确规定，将创业教育课程以必修课或选修课的方式传授给学生，并保证一定的教学时间，学生在修满相应学时且考核合格后可获得相应学分，将创业学分作为课程学分的组成部分，纳入学分体系。在现有的专业课程体系中融入创业教育课程，不仅是创新创业教育目标的具体要求，而且是我国创业课程体系改革的目标和方向，高校要贯彻落实《国务院办公厅关于深化高等学校创新创业教育改革的实施意见》（国办发〔2015〕36号）的要求，健全创业课程体系，"面向全体学生开发开设研究方法、学科前沿、创业基础、就业创业指导等方面的必修课和选修课，纳入学分管理，建设依次递进、有机衔接、科学合理的创新创业教育专门课程群。"

二、跨学科专业开设交叉课程

创业教育课程是一门涵盖创业学、经济学、管理学、社会学、心理学和法学等多学科、跨学科的与创业有关的理论课程，单一开设某一类别的创业课程，无法满足创业教育人才培养目标的要求。虽然是在全校范围内开展创业教育，但由于各院系自身和专业领域的特征差异，其在课程内容设置和目的上不尽相同，高校不仅要在与商业有传统联系的经管学院开设创业课程，而且要在其他与商业没有传统联系的学院（如艺术院、教育学院、工程学院等）开设创业课程，以拓宽创业的概念且显示其跨学科的性质。高校可以整合、优化创业课程资源，以使各学院的学生更加深入、深刻地学习、理解创业理论。总之，"高校要打通一级学科或专业类下相近学科专业的基础课程，开设跨学科专业的交叉课程，探索建立跨院系、跨学科、跨专业交叉培养创新创业人才的新机制，促进人才培养由学科专业单一型向多学科融合型转变。"

三、理论课程与实践课程相结合

实践性是创业教育的内在要求和本质属性。理想的创业课程，应是理论课程与实践课程比例相当，甚至实践课程的比例更高一些，要将理论与实践教学相结合。蒂蒙斯最初提出的理论与实践相结合的创业课程体系，成了后续创业教育研究和各高校的主要借鉴模式，根据他的观点，理论导向型课程与实践导向型课程具有明显的侧重方向，前者关注创业理论知识，如什么是创业、如何进行创业、创业活动的开展方式和特点等，突出培养创业理论人才；后者关注现实创业实践能力的培养，即创业机会的识别、创业实施的路径、创业活动的关键步骤等，通过情景模拟、创业实习、创业计划竞赛、商业计划书撰写等活动方式，使学生获得真实世界的创业体验，具有敢于创新、善于创业的能力。对于创业人才的培养，不仅需要学生掌握系统化的创业理论知识，而且要求学生体验、感受创业过程，只有把理论课程与实践课程有机整合，才能使学生在获取理论知识的同时，提升创业技能，达到创业教育人才培养的目标。因此，高校在设计创业课程体系时，要充分、合理地安排理论课程与实践课程课时的比例、修习顺序等。

第三节　大学生创业教育课程体系的课程设置

创业教育虽然是一项实践性很强的教育，但高校的创业教育也离不开课堂，创业教育与普通教育又有较大的区别，如何设置高校的创业教育课程，是不少专家、学者探讨的话题。目前，对高校创业教育课程体系的设置有三种思路：其一，按照授课内容的不同，分为实践性课程和理论性课程；其二，按照课程表现形式的不同，分为隐性课程和显性课程；其三，按照授课形式的不同，分为学科课程、环境课程、活动课程和创业课程。下文依据高校创业教育的共性目标和个性目标，将高校创业教育课程做如下体系设置：

一、创业教育的基础学科课程设置

创业教育基础学科课程是为了奠定创业者开展创业活动的基础而设置的，旨在为创业者构建创业基本理论体系，使其认识创业是什么、创业所需要的知识和技能储备有哪些。因此，可以从创业教育基本理论课程、创业教育专业理论课程、创业辅助课程和学科课程四方面设置。

（一）创业教育基本理论课程设置

创业教育基本理论课程设置的目的是使创业学生认识到创业是什么，给他们介绍最基本的创业理论，具体的课程包含创业学概论、创业基础理论和创业辅导课程等。

创业学概论课是创业教育的基础课程，主要目的在于让准备创业的学生认识创业是什么，并让其了解创业活动需要做的准备工作、创业活动的步骤，以及创业活动中所要运用的知识有哪些。创业学概论是创业教育的入门课程。

创业基础理论课在创业学概论的基础上，进一步介绍了创业相关知识，通过创业基础理论课程的学习，让创业者认识到创业所具备的创业素质和基本能力有哪些，介绍了国内外成功创业者的案例，以达到激发创业者热情的目的，并从中了解创业企业的成长和发展历程。

创业辅导课在介绍创业基本知识的基础上，进一步阐述了创业活动的现实意义，以及创业活动的发展，并适当地讲解了创业活动中的行为和思维方式。让创业者在创业过程中了解市场，充分利用各种资源，合理处理各种人际关系和发展问题。

（二）创业教育专业理论课程设置

创业教育专业理论课程设置，旨在为创业学生详细讲解创业过程中所需要的各种知识，主要包含创业法律基础、创业案例研究、管理学和市场营销学课程。

创业法律基础课是开展创业教育的基础课程，其目的是为创业学生介绍我国的法律环境，与创业有关的法律法规都应纳入本门课程之中，具体包含《中华人民共和国公司法》《中华人民共和国知识产权保护法》《中华人民共和国劳动法》《中华人民共和国环境保护法》《中华人民共和国合同法》等。通过学习与创业有关的法律法规，创业学生能够知法、懂法、守法，在法律范围内开展创业活动，做到不犯法，并懂得用法律来武装自己。

创业案例研究课是让创业学生了解真实案例，并通过分析成功的、失败的创业案例，找到成功或失败的关键环节，吸取创业实践经验，并能够从失败案例中吸取教训，避免重蹈覆辙。

管理学课程是企业管理的基础性课程，创业者必须了解管理学，通过学习管理学课程内容，创业学生能够在创业活动中学会计划、组织、管理、决策等企业管理中常规性步骤设计和应用方法，学会对市场作出正确的评价和选择，提高把握市场机遇的能力，最终达到以最小的成本投入获得最大的利润这一目标。

市场营销学课程是一门介绍市场基本规律和特点的课程，通过学习市场营销学课程内容，创业学生对市场这一概念有了深入的认识，为其在创业活动中把握市场机遇奠定了基础。市场营销学课程主要介绍市场环境、消费者市场行为，以及如何进行市场分析，选择合理的营销策略，使创业学生对市场营销活动的基本程序和方式方法有详细的了解和认识，在创业活动中能够正确运用市场营销手段，获得市场份额。

（三）创业辅助课程设置

创业辅助课程是为进一步提升创业学生的创业活动质量而设立的。创业辅助课程体系是一类由多学科构成的课程体系，应根据不同的创业学生的特点，并充分考虑创业学生的学科背景、知识基础、兴趣爱好等特征来开设，尽可能地满足他们不同的需求。创业辅助课程体系还应将重点放在激发有创业意愿学生的创业兴趣、培养企业家精神、注重创造性思维的培养、开阔学生的视野等方面。同时，在改变创业辅助课程体系时，可以结合学校的师资力量，充分、合理地运用现有的师资资源。考虑到我国创业教育专业师资严重不足的现状，可以在学校现有师资的基础上，经过适当的培训，培养创业教育专业教师。创业辅助课程体系在全校内以选修课的形式开展，创业学生可以根据自己的爱好，选择不同的课程来学习，以期达到提高创业教育质量的目的。

（四）学科课程设置

学科课程是显性课程中最为基础的课程，是构建课程体系的基石。创业教育学科课程是指以课堂授课的形式，传授创业教育基础理论知识的课程，课程设置主要有必修课、选修课和学科渗透三种方式。一般情况，学科课程可分为公共必修课和公共选修课。其中，创业教育课程中的公共必修课是全校所有专业学生必须学习的，重点提高全体学生的创业意识，传授创业知识和技能，培养创业素质。这类课程设置在大学一年级和大学二年级两个学年的 4 个学期，共 4 个学分。课程内容主要涉及创业意识类、知识类和能力类等。每门课程每学期开设 16 周，每周 2 课时，共 32 课时，基本能做到使学生对每门课程都有较系统的了解（详见表 3-1）。

表 3-1　创业教育公共必修课课程设置表

	学期	课程名称	学分
公共必修课	大学一年级上学期（三选一）	创业入门	1
		成功创业个案研究	1
		创业基础理论	1
	大学一年级下学期（三选一）	创业学概论	1
		创业管理学	1
		创业经济学	1

续表

	学期	课程名称	学分
公共必修课	大学二年级上学期 （三选一）	创业辅导	1
		模拟创业	1
		设计与领导创业公司	1
	大学二年级下学期 （三选一）	商务沟通与交流	1
		创业心理学	1
		创业精神	1

经过大学一年级和大学二年级创业教育基础课程的学习，学生已经能基本掌握创业教育的相关知识和技能，了解自己是否有兴趣，以及是否适合创业。从大学三年级开始，学生就能够根据自己的兴趣和需要，选修自己喜欢且有用的课程。学校可根据本校的实际情况，提供数量不等的创业选修课程，以供学生自愿选修（详见表 3-2）。

表 3-2　创业教育公共选修课课程设置表

	学期	课程名称	学分
公共选修课	大学三年级上学期 （四选一）	工商税务	1
		创业精神	1
		创业市场调查	1
		创业哲学	1
	大学三年级下学期 （四选一）	新公司的开办	1
		创业资金与私人股本	1
		信息搜索与处理	1
		公共选修课团队组织	1
	大学四年级上学期 （四选一）	金融保险	1
		创业人才学	1
		合同与交易	1
		商业机会判断能力	1
	大学四年级下学期 （四选一）	创意发展与创业	1
		合同与交易	1

公共选修课	学期	课程名称	学分
	大学四年级下学期	创业法律基础	1
	（四选一）	创业计划写作	1

二、创业教育的活动课程设置

创业教育本身是一门实践性很强的课程，因此在创业教育课程改革中的活动课程的设置尤为重要，创业教育的活动过程旨在让想创业的学生通过具体实践，了解创业活动的整体流程，并在具体的创业活动中找到感兴趣的方向，将自己所掌握的知识、信息、技能和资源运用到实实在在的创业活动中去，真正实现创业的意愿，在此过程中了解和掌握创业活动的细节，为真正开展创业活动奠定坚实的基础。创业教育的活动课程可以从以下四个方面来衡量：

（一）创业教育集体活动课程

创业教育集体活动课程具有广泛性特征，该活动课程应根据学校总体创业教育目标，面向全校创业学生而设置，旨在达到全面认识创业活动、了解企业真正运作的流程和目的。创业教育集体活动课程开展可采用报告或讲座的形式，由学校出面，在规定的时间，邀请创业教育专家或成功创业者，与创业学生开展面对面的交流，使创业学生能够从他们的创业经历中获取所需，起到培养学生创业精神和提高其创业素质的作用。

（二）创业教育专题活动课程

创业教育专题活动课程，是在创业教育集体活动课程的基础上，专门针对创业活动中的某个环节开展的创业教育实践活动。创业教育专题活动课程所选择的专题环节，一般是创业活动中的重要环节，如营销环节、决策环节。高校也可根据创业学生的要求，就他们某一个感兴趣的环节或者他们认为困难的环节展开主题活动。创业教育专题活动通常采用商业计划竞赛的形式组织开展，以培养和锻炼创业学生的团队合作意识和竞争意识等。常见的创业教育专题课程有模拟营销大赛、参观企业等，以促进学生了解企业文化和企业运作流程等。

（三）创业教育项目活动课程

创业教育项目活动课程是按照高校创业教育的目标，在创业教师的指导下，创业学生在明确自己创业活动的主题下，自行设计创业活动项目的。在高校的支持下，创业学生亲自实践并完成整个创业活动，再对自己的创业活动全过程进行自我批评、自我总结，以期丰富创业学生的创业经验。通过实施创业教育项目，强化创业学生在创业过程中的独立判断能力、自我管理能力，让创业学生了解成为企业家要具备的基本素养，使学生在项目活动过程中得到锻炼。

（四）创业教育项目潜在课程

创业教育项目潜在课程强调的是在高校里营造一种创业活动氛围，通过这样的创业活动氛围，潜移默化地影响创业学生，以达到培养学生的基本创业品质，提高高校创业教育发展水平和质量的目的。创业教育项目潜在课程可通过高校的已有条件，如开展企业家校友事迹展、邀请知名企业家定期开展交流会等，激励学生开展创业活动，培养学生的创业精神。

三、创业教育的实践课程设计

创业教育实践课程有利于提高学生对企业知识的运用，培养学生的创业技能，开拓学生的视角，发挥学生个人的技能。创业教育实践课程主要分为模拟创业实验和创业实践两种形式。

（一）模拟创业实验

模拟创业实验是一种创新仿真实验，学生可以模拟体现创业者经历的各个阶段，体验创业决案制定、创业项目选择、团队组建、企业管理、产品推广等整个创业历程。模拟创业实验还可以通过案例分析形式进行，使学生身处具体的案件之中，将自己想象成创业者，分析自己解决在创业过程中出现的问题的各种方法。模拟创业实验要开设沟通技巧与训练、商业营销模式、商务案件分析、商业计划和培训体验等课程。

（二）创业实践

创业实践是创业理论与实践相结合的产物。大学生创业实践可以通过两种方式进行：其一，利用校内的专业实习平台，让学生进入后勤、投资等部门实习，使其能够积累丰富的与人交往的社会经验；其二，开展校企合作，通过与企业的沟通、洽谈，让更多的学生进入企业内部实习，使其能够了解企业的经营与发展模式，积累处理各种问题的经验，为其创业打下坚实的经验基础。

第四节　大学生创业素质的培育体系

一、高校制度培育体系建设

创业精神的培养，不一定要从大学开始，可以从小学开始，逐渐培养学生创新创业意识，但由于大学期间大多数学生已经成年，所以能够更好、更容易地理解创新精神。高校若要为国家培养更多的优秀人才，就必须建立高校创业教育制度保障体系。

（一）转变教育思想，大力开展"创造性教育"

"适应性教育"是我国教育的主流形式，不可避免地具有传统教育的一些缺点，长期实行"适应性教育"，严重阻碍了学生创新意识的形成，阻碍了教育的创新，这也是我国教育改革必须解决的重要问题之一。只有改变传统的教育观念，给学生提供更大的空间，才有利于培养学生独立思考的意识，形成创业观念，可以与时俱进、打破常规、大胆创新。我国应将创业精神培养作为教学内容，社会发展需要不同的人才，单纯的传统教育已经不能满足社会对于创业型人才的需要。因此，高校必须改变传统的人才培养机制，转变传统的毕业就业观念，更多地引导学生进行创业，使学生从单一型人才逐渐向社会需要的复合型人才转变。换言之，学校要从"适应性教育"向"创造性教育"过渡，使学生掌握更多的社会技能，能够在社会竞争中更好地生存，并取得一定的成功。

（二）学习国外先进经验，打造创业基础

美国是一个崇尚自力更生的国家，注重实用性教育，注重培养孩子商业思维。美国从幼儿园时期就让孩子知道经济的作用，以及如何把握经济的自治权，让其大概地了解这些概念。因此，美国的教育比较开放，创新创业教育体系也十分完善。在美国加州，创业教育是一门基础课程，学校为学生普及金融知识、市场营销方式及投资方法，积极努力培养企业的"未来经纪人"。法国的某些地区也积极开展创业教育活动，如开展"在中学办企业传授生意理念"等活动，旨为培养学生的创业兴趣和意识。通过美国和法国开展的创业教育活动可以发现，创业意识的培养至关重要，尤其是对学生经济基础、商业意识的培养。我国应借鉴这些国家的创业教育实践，从幼儿时期抓起，对其进行创业意识培养，在中小学课程中适当加入经济学的知识，适时开展商业体验活动，提高学生的创新兴趣，为其未来创业打下坚实的基础。

（三）深化高校教学改革，构建现代创业教育模式

目前，创新精神和创业实践能力的培养是我国高校教育中相对薄弱的一个环节。因此，高校应加强教育教学内容改革，积极营造良好的校园创业教育氛围，建立新型的创业教育模式。高校应开设创业相关课程，如经济学、管理学、心理学、法学、企业管理学等，打破学科之间的壁垒，采取交叉学科互补的教学新模式。同时，高校应积极营造创业环境，增强学生的创业观念，使学生发展成为社会需要的复合型人才。高校可以开展一些与创业相关的活动，如开展创业计划大赛、模拟商业竞赛、模拟营销大赛等，通过这些形式，使学生感受到创业的环境与氛围，有利于学生创业意识的培养。高校还应该加强校企合作，让学生能够进入企业进行创业体验，让学生在实践中了解创业是充满挑战的，认识企业生存和发展的关键因素，可为学生自主创业提供宝贵的经验。

二、国家政策培育体系建设

目前，我国高校毕业生的就业压力较大，创业渠道相对狭窄，学生的创业意识不强。为了增强学生的创业意识，政府应该不断出台鼓励政策，支持学生创业，为学生创业提供资金、技术和场地等方面的优惠。一部分有创业意识的学生由于缺乏资金，不能将梦想变为现实，这时就需要政府给予优惠政策，提供资金支持。总之，我国应该建立政策

保障体系，以支持大学生创业。

（一）创业制度宽紧有度，创业政策灵活便捷

总体来说，我国的创业制度不够健全，没有实现宽紧有度。政府在创业制度建设中，更多地依赖经济政策、法律法规，以约束创业企业的行为，但从长远的角度来看，这种创业制度不利于企业的生存和发展。从整个社会环境来看，政府应该建立宽紧有度的创业制度，根据创业企业的生存发展需要，合理调整创业制度，不能过紧，也不能过松，应保持适度。如果创业制度过松，就容易导致资源低效配置，严重浪费社会资源，不利于企业的健康发展；如果创业制度过严，如新企业的成立程序过于复杂、烦琐，对企业的融资进行严格限制等，就容易使企业面临经营困难，使企业主对企业的发展失去信心，降低了创业者的创业热情，最终不利于企业经济效益的实现和长期发展。

在灵活、便捷的创业政策建立方面，美国灵活的创业政策体系具有借鉴意义。美国的创业环境比较宽松，创业政策比较灵活，一个具有创业意识的人，只要拥有好的创业想法，在不违反市场经济准则的情况下，就可以很快地注册公司，而且手续与程序十分简单。实行灵活的创业政策，美国政府的主要职责有以下几方面：

第一，政府给予创业者资金方面的扶持。美国的小企业创业贷款相对宽松，只要符合条件的企业均可申请，政府的职能是帮助他们解决资金方面的问题。

第二，政府向创业管理层提供咨询服务。政府有责任向创业企业的管理层提供市场需求、技术应用等方面的信息，以便促进企业能够更好地发展。

第三，创业企业可以获得"公平份额的联邦政府购买"。在美国的所有消费群体中，最大的消费群体是联邦政府，联邦政府每年都会向企业购买自己发展所需要的商品和服务，因此创业企业也可以成为为联邦政府提供商品和服务的企业。

第四，政府出台了一系列有利于中小企业减负的政策，减轻了创业企业的发展负担。

第五，信用担保问题一直是制约中小企业发展的重要问题，健全信用担保体制，有利于满足创业企业的资金需求，为其发展提供充足的资金保证。

第六，政府鼓励创业企业进行技术创新。技术创新有利于中小企业在市场中不断改进技术、改善经营管理，是企业生存发展的关键。

总之，美国政府为促进创业，采取了一系列有利于企业发展的政策，这不仅是对创业者在资金技术和信贷等方面的支持，还是国家对创业者热情的一种激发。与美国相比，我国的创业政策还不够完善，政府对创业企业的保障制度还不健全，我国应该借鉴美国

的经验，简化创业办理手续，创建创业扶持体系，完善信用担保政策，鼓励创业企业进行技术创新，使我国政府的创业政策真正实现宽紧有度、灵活便捷。

（二）完善创业法律制度，支持创业事业发展

一些国家在促进创业方面采取了诸多措施，其中，建立法律法规体系有着十分重要的意义，如美国、日本、德国、法国等，都是以立法为前提条件，在此基础上制定了保护人民创业权利的法律。这些国家的经验表明，法律制度和体系的建设，有利于为社会创造良好的创业环境，有利于保护创业者的合法权益。

我国政府逐渐认识到法律法规对创业企业的影响，一系列与创业创新相关的法律法规相继出台，有利于创业企业的生存和发展。进入 21 世纪以来，随着经济和科技的快速发展，我国逐渐完善与创业相关的法律法规，尤其是鼓励大学生创业和农民工返乡创业，并给予一定支持的政策和法律。但与发达国家相比，我国与创业相关的法律法规仍不够完善，政府应加快有利于创新企业发展的法律法规建设，确保创业企业公平、健康、有序地发展。

（三）完善创业风险投资体制，建立创业多元基金来源

创业具有一定的风险，创业资本也可以看成风险资本，风险资本的融资比较困难，尤其是对刚走出校门步入社会的大学生群体来说，风险资本筹集变得更加困难。由于我国的企业家对于风险投资行业的热情度不高，风险投资体系本身也存在诸多不够健全的问题，这就使得创业企业的资本融资缺少信用保障。

美国是较早建立并完善风险投资机制的国家，美国高校学生创业的比例较高，他们创业资金的来源是风险投资者的投资和政府贷款。美国高校学生的创业与健全的风险投资体系紧密相连，据我国相关机构的调查数据显示，美国风险投资企业连年增长，并且增速较快。美国风险投资体系主要体现在两方面：其一，贷款利率较低，企业可以直接申请贷款，贷款条件相对宽松；其二，企业可以进行担保贷款，可以用资产担保，也可以用个人信用担保。

随着市场经济的不断发展，我国应该不断引入新市场主体，创业企业成为新的存在主体，并可以在经济制度的发展中起到不可或缺的作用。为保证创业环境的公平，我国应学习国外的先进经验，不断完善创业相关法律法规体系建设。

第一，完善中小企业的融资体系，积极发挥中小企业及创业企业在我国经济中的作

用，建立健全风险投资机制，为创业企业提供资金支持。

第二，国家应出台创业相关法律法规，从法律角度维护创业企业的公平竞争，为创业企业的发展打造一个良好的法治环境。

第三，对创业企业实施税收优惠政策，不对风险投资企业进行双重征税，建立有效的风险投资企业退出机制，确保创业企业和风险投资企业可以实现互利共赢。

第四，在资金来源方面，除自己筹措、政府划拨之外，还可以信贷、募集、担保抵押等，形成多元的创业资金来源渠道，促进创业企业的发展。

第四章　大学生创新创业能力开发

第一节　创新思维概述

创新思维是在已有的知识与经验的基础上，进行想象，加以构思，以新的方式解决前人未解决的问题。培养大学生的创新思维，对于大学生早成才、快成才、多成长，有着深远的意义。

一、创新思维的含义

创新思维是相对于常规思维而言的，是指以新颖的、独特的方式，解决问题的高级思维过程。它不仅能够揭示客观事物的本质及其内在联系，而且能够在此基础上产生新颖的、前所未有的思维成果，即创造出新事物、新产品、新理论，发现新规律等。与直接和具体反映客观事物的感觉和知觉不同，作为人类认识的最高形式的思维，创新思维是对客观事物的见解和概括的反映。目前，心理学界对创新思维的理解有广义和狭义之分。一般认为，人们在提出问题和解决问题的过程中，一切对创新成果及其作用的思维活动，均可视为广义的创新思维。狭义的创新思维是指在发明创新中直接产生创新方式的思维活动形式。简而言之，凡是突破传统思维习惯，以超常规甚至反常规的方法、视角去思考问题，以新颖、独创的方法解决问题的思维过程，都可以称为创新思维，这种独特的思维常使人产生独到的见解和大胆的决策，进而获得意想不到的效果。

二、创新思维的特征

创新思维作为一种思维活动，既有一般思维的共同特点，又有不同于一般思维的独特之处。创新思维具有以下六个特点：

（一）独特性

思维的独特性，又称新颖性、求异性，是指与他人看到同样的东西，却有与他人不同的想法。创新思维活动是独特的思维过程，它打破了传统和习惯，解放了思想，向陈规戒律挑战，对常规事物怀疑，否定原有的条框，锐意改革，勇于创新。在创新思维过程中，人的思维极其活跃，能从与众不同的新角度提出问题，探索、开拓他人没认识或者没完全认识的新领域，以独到的见解分析问题，用新的途径、方法解决问题，善于提出新的假说，善于想象出新的形象，在思维过程中能够独辟蹊径、标新立异、革新首创。可以说，思维的独特性是创新思维的本质特征与重要标志。

（二）批判性

创新思维的批判性，也称反思性。创新思维必以怀疑乃至否定为前提，没有怀疑就不会有对传统思维模式和传统指导思想或理论体系的反思与批判。创新思维的批判性是创新思维的本质之一，因为创新是通过对传统思维框架进行批判性的反思而产生的，创新思维必须有反思的批判性，否则就不能称之为创新思维。只有通过对传统思维模式进行反思和批判，不断地反思前人设定的界限，才能突破旧有认识、框架和现有的认识范围，才能有所创新，才能开拓出新的认识天地。创新思维作为创新意识，首先就是一种反思意识或批判意识，乃至是一种怀疑与否定的意识；而作为一种以创新为取向的思维活动，它是一种反思性的思维活动、批判性的思维活动。没有这一规定性，创新思维就只能是一种抽象的概念，不可能实现自身、完成自身、证实自身为创新思维。因此，创新思维的前提就是批判、反思旧的思想，用怀疑、批判的眼光审视前人的成果。可见，创新思维是一个在肯定中否定、在否定中开拓前进的发展过程，它必然以批判性为前提特征。

（三）流畅性

流畅性，又称非单一性，是思维对外界刺激作出反应的能力，它是通过思维的量来衡量的，要求思维活动畅通无阻、灵敏迅速，能在短时间内表达较多的概念。流畅性反映的是一个人在情境面前反应速度的快与慢，与创新性紧密相连。创新性以思维流畅性为基础，比如，提出一个问题，看谁想出答案的速度快，速度快者思维就流畅，速度慢者思维就不流畅或不太流畅。

（四）变通性

变通性是指思路开阔，善于根据时间、地点、条件等的变化，迅速、灵活地从一个思路跳到另一个思路，从一种意境进入另一种意境，能够从多角度、多方位地探索、解决问题。在20世纪初，发达国家就已经开始应用农业机械，但自动摘收番茄的机器始终没能研制出来，主要是因为番茄的皮太柔嫩，在摘收时，番茄可能会因机械装置抓得过紧而破碎。怎样才能实现自动摘收番茄呢？有两种不同的思维方式：一种是致力于研究能控制抓力的机器，使其既能抓住番茄，又不会将番茄夹碎，但始终未能获得成功；另一种是进行思维变通，从问题的源头寻求解决的办法，研究如何才能培育出韧性十足、能够承受机器抓力的番茄。最终，有人研制出了"硬皮番茄"，进而使得人们可以很方便地使用机器摘收番茄。

（五）求异性

求异性，也称叛逆性，是指思路不断突破常规定型模式和超越传统理论框架，并指向新的领域和新的客体。创新思维在创新活动的过程中，尤其是在其初期阶段，求异性特别明显，它要求关注客观事物的不同性与特殊性，关注现象与本质、形式与内容的不一致性。一般来说，人们对司空见惯的现象和已有的权威结论怀有盲从和迷信的心理，这种心理使人很难有所发现、有所创新。求异性思维则不拘泥于常规，不轻信权威，以怀疑和批判的态度，对待一切事物和现象，对既定事物进行批判性思考，体现的是一种叛逆精神。求异性是流畅性和变通性的归宿，是创新性思维的最高层次。思维的求异性不仅体现在敢于用科学的怀疑精神，对待自己和他人的原有知识，包括权威论断，还体现在敢于冲破习惯思维的束缚，敢于打破常规思维，另辟蹊径，独立思考，运用丰富的知识和经验，充分展开想象，这样才能迸射出创造性的火花，发现前所未有的事物。

（六）综合性

综合性是把对事物各个侧面、部分和属性的认识统一为一个整体，从而把握事物的本质和规律的一种思维方法。综合性思维不是把对事物各个部分、侧面和属性的认识，随意地、主观地拼凑在一起，也不是机械地相加，而是按它们内在的、必然的、本质的联系，把整个事物在思维中再现出来。

三、创新思维模式

（一）逆向思维

逆向思维，也称反向思维，它是将现有事物或理论反过来思考，以寻求解决问题的方法的一种思维方式。逆向思维是创新思维中最主要、最基本的方式，如司马光砸缸的故事，当有人落水时，常规的思维模式是"救人离水"，而司马光面对紧急险情，运用了逆向思维，果断地用石头把缸砸破，"让水离人"，救了小伙伴的性命。

逆向思维具有以下三个特点：

第一，普遍性。逆向思维在各个领域、各种活动中都有运用。由于任何事物都是对立统一的，对立统一的形式又是多种多样的，有一种对立统一的形式，相应地就有一种逆向思维的角度，所以逆向思维也有多种形式。例如，性质上对立两极的转换，即软与硬、高与低等；结构、位置上的互换、颠倒，即上与下、左与右等；过程上的逆转，即气态变液态或液态变气态、电转为磁或磁转为电等。无论是哪种方式，只要从一个方面想到与之对立的另一个方面，都是逆向思维。

第二，批判性。逆向是与正向相对而言的，正向是指常规的、常识的、公认的或习惯的想法与做法，而逆向则恰恰相反，是对传统、惯例、常识的反叛，是对常规的挑战，它能够克服思维定式，破除由经验和习惯造成的僵化认识模式。

第三，新颖性。循规蹈矩的思维和按传统方式解决问题虽然简单，但容易使思路僵化、刻板，摆脱不掉习惯的束缚，而且得到的往往是一些司空见惯的答案。其实，任何事物都具有多方面属性。由于受过去经验的影响，人们容易看到事物熟悉的一面，而对其他方面却视而不见。逆向思维能克服这一障碍，其结果往往出人意料，使人耳目一新。

（二）发散思维

发散思维最早是由美国科学家、哲学家托巴斯·康恩提出并创立的。发散思维，又称辐射思维、放射思维、扩散思维，是大脑在思考时呈现的一种扩散状态的思维模式，它表现为思维视野广阔，思维呈现出多维发散状态。发散思维是创新思维的核心，是测定创造力的主要标志之一。发散思维能够产生较多的可供选择的方案、办法及建议，能提出一些别出心裁、出乎意料的见解，使一些似乎无法解决的问题迎刃而解。它不仅是科学研究和科技发明中经常运用的一种重要的思维方式，也是经济社会发展和企业经营中经常运用的一种重要的思维方式，还是每个人事业发展中应当掌握和运用的一种重要的思维方式，是创新的基石。

（三）联想思维

事物与事物之间都存在着一定的联系，这是联想思维的客观基础。联想思维是指人脑记忆表象系统中，由于某种诱因导致不同表象之间发生联系的一种没有固定思维方向的自由思维活动，将表面看似互不相关的事物联系起来，从而达到创新思维的境地，如人们常说的由此及彼、举一反三、触类旁通等。联想思维是创新者在创新思考时经常使用的方法，也比较容易见到成效。

联想思维有以下四种形式：

第一，接近联想，即由一事物联想到在时间上或空间上相接近的另一事物。例如，人们由"阳春三月"想到"桃花"，由"天安门"想到"人民大会堂"；从鸟和蜻蜓的飞行中受到启发，发明了飞机；从鱼儿可以在水中自由沉浮受到启发，发明了潜水艇等。

第二，对比联想，即由一事物联想到与它具有相反特点的另一事物。例如，由朋友想到敌人、由水想到火、由战争想到和平等。

第三，相似联想，即由一事物想到另一个在性质上接近或相似的事物。例如，由大海想到海浪、想到鱼群、想到轮船、想到海底电缆、想到资源开发和利用等。

第四，关系联想，即由事物所具有的各种关系而形成的联想思维。例如，最早做生意用的货币是贝壳，其价值按贝壳大小、优劣、多少来定。

（四）灵感思维

灵感思维，也称作顿悟，是人们借助直觉启示，猝然迸发的一种领悟或理解的思维形式。它是指经过长时间的思索，问题还没有得到解决，但突然受到某一事物的启发，问题一下子就被解决了的思维方法。诗人、文学家的"神来之笔"，军事指挥家的"出奇制胜"，思想战略家的"豁然贯通"，科学家、发明家的"茅塞顿开"等，都是灵感的体现。灵感来自信息的诱导、经验的积累、联想的升华和事业心的催化。

灵感思维具有以下三个特点：

第一，突发性。灵感往往是在出其不意的刹那间出现的，使长期苦思冥想的问题突然被解决。在时间上，不期而至，突如其来；在效果上，突然领悟，意想不到。这是灵感思维最突出的特点。

第二，偶然性。灵感在什么时间出现，在什么地点出现，或在哪种条件下出现，都带有很大的偶然性，使人难以预测。

第三，模糊性。灵感的产生，往往是闪现式的，并且稍纵即逝，它所产生的新线索、新结果或新结论，使人感到模糊不清。

（五）直觉思维

直觉思维是指不受某种固定的逻辑规则约束，而直接领悟事物本质的一种思维形式。直觉就是直接的觉察。直觉思维具有迅捷性、直接性、本能意识等特征。直觉作为一种心理现象贯穿于日常生活之中，也贯穿于科学研究之中。

灵感思维与直觉思维都属于非逻辑思维，它们都表现出跨越推理程序的、不连续的、跃迁性的特点。它们的主要区别是：灵感在产生之前，往往有一段时间对课题的顽强探索，直觉思维则是在很短的时间内对问题做出迅速而直接的判断；灵感的产生，常常出现在思考对象不在眼前，或是产生在思考别的对象的时候，直觉思维则是对出现在面前的事物或问题所给予的迅速理解和判断；灵感可能产生于主体意识清醒的时候，也可能出现在主体意识模糊的时候，直觉思维则是出现在主体意识清醒的时候；灵感往往是在某种偶然因素的启发下顿悟解决问题的方法，直觉思维产生的原因则是为了迅速解决当前的课题；灵感在出现方式上带有突发性，使人出乎意料，直觉思维的产生则无所谓突然，是在人的意料之中；灵感的结果是与解决某一问题相联系的，直觉思维的结果则是对该事物作出直接的判断和抉择。灵感思维和直觉思维并非没有联系，直觉思维往往需要借助灵感思维实现其对问题的直接的、快速的抉择，而灵感思维又常常需要借助直觉的启示而使问题得到突如其来的顿悟和理解。

（六）聚合思维

聚合思维，又称求同思维、集中思维、辐合思维，是指从已知信息中产生逻辑结论，从已有资料中寻求正确答案的一种有方向、有条理的思维方式。聚合思维是把广阔的思路聚集成一个焦点，探究出一个正确答案的思维方法。它是一种有方向、有范围、有条理的收敛性思维方式，与发散思维相对应。因此，聚合思维对于从众多可能性的结果中迅速做出判断、得出结论是最重要的。聚合思维有同一性、程序性和比较性三个特点。同一性是指它具有一种求同性，即找到解决问题的办法或答案。程序性是指在解决问题的过程中操作的程序，即先做什么、后做什么，按照严格的程序，使问题的解决有章可循。比较性是指对寻找到的几种解决问题的途径、方案、措施或答案，通过比较，找出较好的途径、方案、措施或答案。

四、影响创新思维的主要障碍

影响创新思维的障碍有很多，既有主观障碍，又有客观障碍。一般来说，影响创新思维的主要障碍，是存在于创新主体头脑中的、传统的、固定的观念，以及思维中形成的习惯和定式。

（一）传统观念

传统观念是创新思维的重要障碍，它顽强地维护着其赖以存在的实践和社会基础，反对思维对现存事物的超越。受传统观念的影响，人们会因循守旧、墨守成规，用老眼光、老办法面对新问题。因此，传统观念是阻碍创新思维的重要因素，是创新思维的大敌。

（二）固定观念

与传统观念一样，固定观念也是思维创新的主要障碍。

固定观念是指人们在特定的领域内形成的观念。在该领域内，某种观念是适用的，如果超出这个范围，它们就可能不再适用了。但由于观念在思维中的惯性作用，人们总是习惯用固有的观念去认识、评价面对的问题，而不管这个问题是否超出了原来的领域和范围。

大学生创业所需要的不仅是知识和能力，还需要大量的资金成本。这种资金成本不仅可以是固定的，还可以是流动的，也可以是一种预见性的。由于固定的观念强烈地依赖于人们的实践和社会环境，一旦人们面对的问题超出了熟知的认识框架，那么人们就会用老眼光、老套路去面对这个问题，而这种因循守旧、墨守成规的思维模式，是很难取得成功的。

（三）思维定式

思维是人脑的机能，人们对同一类事物和现象进行思考，往往采用相同或相似的思维方式，导致得到的是相同或相似的思维结果。如果过去的思维结果被实践证明是正确的，或者被实践证明是错误的，人们将产生对这种思维方式和思维结果的记忆，以后再遇到类似的事物和现象时，人们仅凭记忆就可以得出结论，这就是通常所说的思维定式。思维定式对于解决常规性问题和例行性工作具有积极意义，它可以使人们在以往经验和模式的基础上快速地对问题作出反应。

然而，思维定式对于创造性地解决问题，则只能是一种障碍，它很容易使人思路阻塞、视域狭窄，难以迸发出创新的思想火花，这便是思维定式可能导致的消极效应。在创新过程中，人们应特别注意思维定式的消极影响，尽量防止或减少以往经验和模式产生的束缚。冲破思维定式的主要途径是有意识地进行反定式思维，即注意从原有定式的不同方向和角度进行思考。

五、突破创新思维障碍的对策

创新思维障碍根源于创新主体的心智模式，并受到创新主体知识、经验和个人素质的制约。因此，突破创新思维的障碍，既要注重反思和探寻创新主体的心智模式，又要加强对创新主体创新思维原理的学习和训练。对创新主体来说，突破创新思维障碍的主要途径有以下三个方面：

（一）要有怀疑和批判的精神

传统观念、固定观念和思维定式都是存在于创新主体的潜意识之中，使创新主体不知不觉地受到它们的支配。因此，要想打破这些因素的束缚，创新主体就必须有反思传统和习惯的自觉意识，要勇于怀疑、批判一切，不仅要有怀疑、批判他人的精神，更要有怀疑、批判自己的胆量和勇气。只有不断地怀疑和批判，才能使创新主体冲破固定框架的束缚，在怀疑和批判中不断创新。

（二）要克服胆怯心理

破除传统习惯、克服"唯上"的倾向，是需要勇气的。因为传统的、权威的思想，是被多数人承认和接受的，突破它们，就意味着向多数人支持的思想挑战，而这种挑战本身又不能保证次次都成功，相反，这种挑战经常伴随着挫败和失败。因此，特别需要创新主体正确对待和管理创新过程中的错误和曲折，努力克服胆怯心理。如果处处怕犯错误、怕失败，就会陷于保守的境地，不敢突破原有的界限，也就谈不上开拓创新了。

（三）要学会运用创新思维的原理和方法

为帮助人们突破传统、习惯和思维定式，现代创造学总结了一些有用的原理和方法，能够帮助人们自觉地抵制和克服各种创新思维障碍。逆向思维可以帮助创新主体打破思维定式，寻找解决问题的新思路。如果创新主体能够善于运用这些方法，就可以自觉地抵制传统观念、固定观念及思维定式等的干扰，实现思维的不断创新。

六、培养创新思维的途径及方法

创新是人脑的机能，人人都有创新的禀赋。人的潜力或潜在的天赋能力是很大的，要把人的潜力开发为人的创新能力，科学的思维方法具有巨大的作用。因此，培养创新思维是创新者的基本功。没有创新思维，就谈不上创新，人们的创新思维一旦形成，就会成为其自觉创新的力量源泉。

（一）积累丰富知识

知识是创新的基础，尤其是在知识经济时代，知识就是财富，谁掌握了知识，谁就掌握了创新的源泉，谁就赢得了财富。不学无术或知识浅薄的人可以取得一两次成功，但不可能取得持久成功。成功与财富永远属于掌握知识、勇于创新的人。人类文明所积累的知识是由诸多知识体系组成的，各种知识体系纵横交错，形成一种网状结构。随着人们对自然、社会和自身认识的日益深入，这种网状结构日益呈现出整体化、加速化趋势。

由于时间有限，创新主体不可能学会所有的知识，只能学好一般知识体系内的一个主体系或更低层次的次亚体系。因此，创新主体在进行知识积累的过程中，要根据主观条件和客观条件，建立合理的知识结构，即要有一个主导专业和一个辅助专业。主导专业决定着知识结构的性质与功能，辅助专业则对主导专业具有扶持、支撑的作用。不仅如此，创新主体的知识面还应当尽可能广博，尽量做到兼收并蓄，这样才能使创新主体的思维处于一种比较理想的状态，也才能够专注地进行创新思考。

（二）坚持独立思考

质疑是创新的前提，批判是创新的开始。由于人们的认识具有局限性，在创新过程中不可避免地会犯这样或那样的错误。从某种意义上来说，人类社会发展的历史，就是一部对错误进行批判和否认的历史。可以说，没有否认，就不会有创新。而批判和怀疑的关键在于独立思考，它是突破创新障碍、提高创新能力的基本途径。

识别创新主体能否独立思考最简便、有效方法，就是创新主体随时记录自己想表达的想法，这些想法主要是为了让他人满意或能给他人留下印象。之后，再记录自己没有表达的想法，这些想法主要是担心他人可能会不理解或不同意。过一段时间后，创新主体就能够识别出自己的思维模式是以内心为导向的，还是以他人为导向的。如果创新主体的思维模式是以他人为导向的，说明创新主体不能独立思考，反之则说明创新主体能够独立思考。

（三）冲破习惯束缚

思想僵化和呆板的人不可能具有创新思维。有的人想办法、办事情总是喜欢按照一个固定的思路，套用一个固定的框架，不敢越雷池半步。虽然在各项活动中要遵循一定的规则，但也应该看到有些规则、惯例是不适应时代发展的，如果一味地按部就班，把规则和框架绝对化，不允许有任何出格的行为，那么就不可能有所创新。其实，出格就是突破传统的规则，就是不按照常规办事，走出新的路子。当然，出格并非都是创新，但创新必须先出格。所以，不许出格的思想意识，是不利于激发人们的创新意识的。

创新主体只有走出固定的概念世界，打破思维模式，才会有惊奇的发现。如果这个惊奇的发现，以及通过惊奇的发现而产生的问题，反作用于创新主体的思维，那么便会使创新主体产生内在的创新渴望，进而转化为创新行动。

（四）提高联想能力

联想能力是创新的驱动力，创新主体的联想能力越强，就越能把自己有限的知识和经验充分调动起来并加以利用，越能把与某种事物相关联的众多事物联系、综合起来，越能进入他人难以进入的领域。然而，在创新实践中，由于受到过分实际或务实的影响，人们的联想能力常常会在不知不觉中退化。这就要求人们必须不断提高联想能力，大胆地去设想，大胆地去理解，尽管有时是空想、可能不切实际，但在人们大胆的设想中，总会有创新的观点，以及有惊人的发现。提高人们联想能力的方法如下：

首先，增加知识和经验，如果一个人知识贫乏、经验不足，是难以具有丰富的联想能力的。

其次，采用合理的联想方法，避免胡思乱想。

最后，养成观察事物的良好习惯，善于发现事物与事物之间的联系。尤其重要的是，对一个事物的观察，不仅要观察其自身的特性，更要注意这一个事物与其他事物之间的联系；不仅要注意同时、同地事物之间的联系，而且要注意当前事物与以往事物之间的联系，还要注意所遇到的事物与自己的经验和知识的联系。

（五）把握直觉和灵感

在创新思维的道路上，直觉与灵感殊途同归，但直觉和灵感不是天上掉下来的，也不是人们心血来潮、灵机一动的产物，它们是以人们对解决问题的方法进行不断探索为前提的，是人们长期孜孜以求的结果。直觉和灵感的本质在于，人们能够超过有意识的思考层次而直接得出结论，因为人们大脑的深层活动能够觉察到令人信服的模式或有说服力的见识，最终使人们学会发现并信任自己的敏锐的直觉和灵感，把它们与无根据的预感区分开来。

人们捕捉与把握直觉和灵感，有赖于自身知识和经验的积累及智力水平的提高，有赖于拥有良好的精神状态与和谐的外部环境。其具体方法有四个方面：其一，要自觉地拓宽知识面，尽量多掌握有效信息，信息越是及时、强烈、异常，就越能产生新的思维结构；其二，要做有心人，随时记录思想火花，并进行深入思考；其三，对思考要深入解剖，达到熟能生巧的境界，以激活潜意识；其四，一旦直觉和灵感到来，不要对它们采取游戏和不负责的态度，而要采取积极的态度，鼓励它们自由发展，对它们进行认识的完善和验证。只有这样，人们才能不断地激发出内在的创新冲动，以发展自身的敏锐的直觉和灵感。

七、创新思维训练

研究表明，大学生创造性思维的发展，不是一个自然而然的过程，而是一个需要精心培养的过程。

（一）发散思维训练

发散思维是主体面对问题时由一条扩展到多条、由一个方向转移到多个方向的思维方式，即倘若一个问题可能有多个答案，那就以这个问题为中心，思考的方向往外散发，找到的适当答案越多越好，而不是只找到一个正确的答案。

在发散思维的训练过程中，要注意拓展学生思维的广度，扩大观察范围，培养群体协作精神，避免一味求同。进行发散性思维训练，有以下三种方法：

1.头脑风暴法

头脑风暴法，即在一定时间内，采用极快速度的联想作用，产生大量不同的主意，集思广益。这是团体训练方式，因而个体能在小组中充分发挥才智与创造力。小组讨论比单独思考更容易发挥创造力，而且在竞争的状态下，个人的创造力易被激发出来，所以这是一种十分有效的训练方法。

2.反向构思法

反向构思法，即从相反的方向出发，引出问题，展开思路，得出新观点，这是科学技术研究中应用比较广泛的创造性思维方法之一。人们在采用反向构思法时，可以从已有事物的相反功能，去设想新的创造，称为功能性反转；也可以从已有事物的相反结构，去设想新的技术创造，称为结构性反转；还可以改变已有事物的因果关系，以引发新的创造性设想和思路，称为因果关系反转。

3.类别变动法

类别变动法是用来克服思维定式的影响，以提高思维的变通性。在创造性思维过程中，思维定式是主要障碍之一。克服思维定式的有效方法是进行生熟转化与顺逆转化。

当遇到陌生事物难以发现新关系时，可以帮助学生在思想上将其转化为熟悉的事物，消除陌生因素，从而引导新思想迸发出来；相反，当面对熟悉事物时，要有意保持一种认识上的陌生感，使熟悉的认识对象陌生起来，这样会引发学生异想天开的想法和见解。

（二）直觉思维训练

在学习过程中，直觉思维表现为有时会提出奇怪的问题，有时是大胆的猜想或一种应急性的回答等。大学生感觉敏锐，想象极其活跃，当出现突如其来的新想法、新观念时，要及时捕捉这种创造性思维的产物，要善于发展自己的直觉思维。

进行直觉思维训练，有以下两种方法：

1.大胆设想法

大胆设想法是指彻底冲破现存事物和思想的束缚，对当前还没有、但有可能产生的事物，进行大胆设想的创新方法。它可以是海阔天空的畅想，甚至是想入非非，这样便于扩大想象的范围，捕捉创造想象的火花，激发灵感的产生。要大胆构思、探索和对比，将形象思维与逻辑思维有机地结合起来，既要异想天开，又要脚踏实地。

2.还原法

还原法，又称回溯思维法，是对已有的结论或事物的结果，应用还原和回溯的思考方法，对其产生的原因进行思考，暴露出其中的谬误，以排斥旧的偏见，建立新的学说和观点。这种由果推因的思维方法，在科技发明中得到了广泛的应用。

（三）形象思维训练

在教育实践中，结合不同的学科，进行不同的训练，能促进学生锻炼视觉、听觉、嗅觉、触觉等，发展其表象系统，提高其对事物的敏感性，从而促进学生形象思维的形成，培养学生的创造力。

进行形象思维训练，有以下两种方法：

1.图像法

图像法是一种运用符号以求转移创造性思维的方法。抽象符号或图像的使用是人类思维的巨大进步，也是人类创造性思维能力的飞跃性发展。符号和图像能把复杂的事物表现得通俗易懂、简明扼要，可以看出事物之间新的关系，可以自由地进行脱离现实的构思或进行新的组合。

2.联想法

联想法是把已经掌握的知识与特殊的思维对象联系起来，从其相关性中获得启发的思维过程。联想思维方法能够克服两个概念在意义上的差别，并把它们联结起来。经常进行自由联想，可以增强想象力，扩展思维空间，为进一步创造或创新奠定基础。

八、大学生创新思维训练的途径

著名教育学家陶行知说过："处处是创造之地，天天是创造之时，人人是创造之人。"当代大学生必须树立创新意识，掌握创新方法，培养创新思维，逐步提高创新能力，通过各种途径，进行自我创新思维训练。

（一）日常生活中的创新思维训练

大学生必须进行长期且艰苦的训练，以启发和引导创新思维的形成。大学生在日常生活中要自觉进行创新思维训练，培养敏锐的观察力、丰富的想象力、灵活的独立思考能力和创新能力，通过训练，提高创新思维能力。

（二）专业学习中的创新思维运用

培养创新思维，必须从构建良好的知识结构开始。没有扎实的知识基础，创新就成了无源之水、无本之木。知识和经验越丰富、越扎实，就越能发现问题、找出解决问题的办法。因此，要创新，就必须打好学习基础。对于专业课程的学习，大学生在扎实掌握课堂知识的前提下，要不满足于现成的思想、观点和方法，要换个角度看问题，经常思考如何在原有基础上创新发明、推陈出新；应该做到理论联系实际，了解行业的发展趋势，勇于发现、思考并解决问题。

（三）实习实践中的创新工作方法

人们的思想源于实践，实践的发展推动思维的发展。大学生的社会实践主要包括社会调查、志愿者服务和校外实习等，它对于大学生了解社会、增长见识、加深对专业的了解、确定适合的职业、增强就业竞争优势、做好进入职场的准备等具有重要的意义。因此，大学生应主动参加社会实践，在实践中加深对课堂知识的理解，拓展相关学科的知识面，培养信息加工能力、动手操作能力、创新技术运用能力、创新工作方法能力，进而提高自己的创新能力。

第二节　创新能力概述

在知识经济时代，一个国家、一个民族的竞争力的强弱，取决于其国民创新能力的高低，特别是原创能力的高低。为了提高国家的竞争力，必须唤醒全民族的创新意识，不断提高国民的创新能力。大学生是社会发展的中坚力量，因此培养大学生的创新能力尤为重要。

一、创新能力的概念

创新能力是在实践活动中为了达到某一目标，综合运用所掌握的知识，通过分析和解决问题，获得新颖的、独创的、具有社会价值的新思想、新理论、新方法和新发明的能力。

（一）创新能力的来源

对于创新能力的来源，诸学说不同，解释也不同，主要有以下四种学说：

1.个性说

个性说认为，创新能力是人的自然属性，是与生俱来的品质，人类拥有各种各样的天赋和能力，只是不同的人在程度上有所差异，然而作为一种常理状态，或许开展创新性活动的能力就难以掌握了，因为它属于人的个性心理特征。天才似乎天生具有创新能力，而其他人却没有，但通过训练，人的创新能力状况是可以改善的，人们要做的是消除存在于人们心里的创新力障碍。

2.恩赐说

恩赐说认为，创新能力是神秘的，顿悟、想象、启发和直觉似乎没有踪迹。有人甚至认为创新能力带有魔幻色彩，认为它是一种超常的力量。天才现象为这种观念提供了例证，富有创新能力的艺术家、音乐家及作家似乎都具有这种非凡的潜质，从这种意义上说，创新能力是天赐的礼物。

3.偶然说

偶然说与恩赐说相对，它认为创新能力的出现纯属偶然。安德尔以各种偶然发现为证据，借以说明偶然说的基本主张，免疫系统的发现起因是工作的暂时中断，放射性现象的发现来源于错误的假设等，所有这些实例都成了偶然说的佐证。

4.联结说

联结说是最为流行的理论学说。按照这种观点，把一个领域的知识运用到另一个领域，就可能带来新颖的联结，这样的联结有可能成为创新思想的基础。

（二）创新能力的内涵

创新能力是人的能力的最高形式，具体来说，它是指人在顺利完成以原有知识、经验为基础的创建新事物的活动过程中表现出来的各种能力的总和，包括敏锐的观察能力、深邃的洞察能力、统揽全局的战略思维能力和面向未来的开拓创新能力等。可以说，创新能力是人所有能力中最重要、层次最高的一种能力，是一种不走寻常路的魄力。在优胜劣汰、竞争空前激烈的现代社会，创新能力是制约个人、企业、社会生存和发展诸因素中的核心因素。创新能力决定竞争力，创新能力决定成败。没有创新能力或创新能力低下，是无法进行发明创新并取得成果的。

二、创新能力的内容

（一）发现问题的能力

爱因斯坦说过"我没有什么特别的才能，不过喜欢寻根刨底地追究问题罢了"，他还说过"提出一个问题，往往比解决一个问题更重要，因为解决问题也许仅是一个数学上或实验上的技能而已，而提出新的问题、新的可能性，从新的角度去看旧的问题，却需要有创造性的想象力，而且标志着科学的真正进步"。要促进创新思维发展，就要具备发现问题的能力，如此，在提出问题和解决问题时，思维才能活跃起来，思维能力在解决问题的过程中才有可能发展起来。

（二）流畅的思维能力

拥有流畅的思维能力，能使人们在遇到问题时思维活动畅通无阻、灵敏迅速，在短时间内对某事物的用途、状态等作出准确的判断，提出多种解决方法。创新能力以思维流畅作为基础。

（三）变通的能力

变通的能力使人们思路开阔，能善于根据时间、地点、条件等变化，迅速、灵活地从一个思路跳到另一个思路，从一种意境进入另一种意境，从多角度、多方位探索并解决问题。

（四）独立创新的能力

爱因斯坦认为，应当把发展独立思考和独立判断的一般能力放在首位。提高创新思维能力，必须在思维实践中不迷信前人，不盲从已有的经验，不依赖已有的成果，能够独立地发现问题，独立地思考问题，在独辟蹊径中找到解决问题的有效方法。

（五）制定方案的能力

制定创新方案是创新的核心。创新要有明确的方向和目标，只有明确方向，才能制定创新方案，围绕方案去努力，才可能有创新结果。

（六）评价的能力

创新是个复杂的过程，在实施中会遇到多种方案，如何选择最优的方案，就需要对其进行评价、作出决策，这就要求创新者具备评价能力。

三、创新能力的特征

创新能力的特征一般包括三个方面：其一，综合性，它要把人的认识能力、分析能力和判断能力等集中起来，充分加以运用；其二，独创性，它要凭借人们的想象力，构造出前所未有的形象，打破以前的框架；其三，探究性，每一步独创、每一种想象，都存在失败的可能，因此勇于探究是人的主观能动作用的表现，是创新能够实现的前提。

大学生的创新能力作为人类的创新能力的重要组成部分，除了具有综合性、独创性和探究性等一般性特征外，还具有以下特征：

（一）开发性

大学生的创新能力不同于一般的创新能力，它除了依靠大学生自身的努力外，在很大程度上还与教师的努力是密不可分的。教师的有效指导，是大学生创新能力得以开发的重要条件。教师自身的学术素养、教育方法、教育观念和指导态度等因素，对大学生创新能力的提高有着至关重要的影响。当然，大学生自身的主观能动性，对其创新能力的提高也有很大的影响。大学生作为被开发的对象，其自身的创新开发意愿、原有的知识结构等因素，都会影响其创新能力的提高。总之，大学生的创新能力具有开发性。

（二）新颖性

大学生创新能力的新颖性是指大学生在已有研究的基础上，提出新方法和新观点。这种新颖性需要大学生既要有扎实的专业基础理论和综合知识素养，又要在尊重科学的基础上，充分发挥自身的主动性和能动性，从而能够进行创造性的科学研究。若想取得具有独创性的科研成果，往往需要一些条件，例如，高校要为大学生的成长提供创新条件，这些条件包括良好的科研氛围、丰富的图书资料等，在目前大学生扩招、科研经费紧张及师生比例不合理的情况下，就更要想方设法为大学生的成长提供这些条件。

（三）价值性

大学生创新能力的价值性是指大学生通过发挥创新能力而获得的新方法、新观点，要能带来一定的价值、产生一定的效益。这种价值性包括两个方面：一方面是社会价值，这是大学生创新能力的最根本价值，也是大学生创新能力价值的社会认可。社会价值包括政治价值、经济价值和文化价值。具有创新能力的大学生在毕业后，进入社会各个领域，对社会政治、经济和文化都会产生重要的作用。另一方面是个人价值，这是大学生个体的价值。对于大学生来说，创新能力提高的过程，既是一个学习的过程，又是一个研究的过程，大学生可以从中获得很多乐趣。

四、创新方法

（一）头脑风暴法

头脑风暴法，又称智力激励法，是让一组人员运用开会的方式，通过相互启发，相互激励，相互补充，在短时间内极大地调动个人的创造能力，引起连锁反应和共振效应，产生尽可能多的创造性设想。头脑风暴法遵循的原则包括：自由畅想原则、以量求质原则、延迟批评原则、综合改善原则和限时限人原则。

（二）综摄法

综摄法是以已知的内容为媒介，将毫无关联、不同的知识要素结合起来，以打开未知世界的大门，从而激发人们的创造欲，使潜在的创造力发挥出来，产生大量的创造性设想的方法。综摄法有两个基本原则：其一，变陌生为熟悉（异中求同，即异质同化），即在头脑中把指定的陌生事物与以前熟悉、了解的事物进行比较，借此把陌生的事物转化成熟悉的事物；其二，变熟悉为陌生（同中求异，即同质异化），即针对已有的各种事物，选用新知识或从新的角度来观察、分析和处理，以摆脱陈旧、固定的看法的桎梏，产生新的创造构想，也就是将熟悉的事物转化成陌生的事物来看待。

（三）形态分析法

形态分析法是根据形态学的方法来分析事物，其特点是把研究对象或问题，分成一些基本的组成部分，然后对某一个基本的组成部分进行单独处理，分别提供各种解决问题的方法或方案，最后形成解决整个问题的总方案。这时，通过不同的组合关系，会得到不同的总方案，每个总方案是否可行，必须采用形态学的方法进行分析。

形态分析法分为五个步骤：第一步，明确地提出问题并加以解释；第二步，把问题分解成若干个基本组成部分，每个部分都有明确的定义，并且有其特性；第三步，建立一个包含所有基本组成部分的多维矩阵（形态模型），这个矩阵应包含所有可能的总的解决方案；第四步，检查这个矩阵中所有的总方案是否可行，并加以分析和评价；第五步，比较所有可行的总方案，从中选出一个最佳的总方案。形态分析法最大的优点是对一项"未来技术"（即形态模型中的一个总方案）的可行性进行分析，其不足是当组合个数过多时，即总方案的个数太多，可行性研究比较困难。

（四）信息交合法

信息交合法，又称要素标的发明法、信息反应场法，它是一种在信息交合中进行创新的思维技巧，即把物体的总体信息分解成若干个要素，然后把这种物体与人类各种实践活动相关的用途进行要素分解，把两种信息要素用坐标法连成信息标的 X 轴与 Y 轴，两轴垂直相交，构成信息反应场，轴上各点信息都可以依次与另一个轴上的信息交合，从而产生新的信息。信息交合法能使人们的思维更富有发散性，应用范围也更加广泛，这种方法有助于人们在发明创造活动中不断地强化逻辑思维能力，并在创造思维、创造教育中，作为教学、培养、培训的方法，显得更有系统性、深刻性和实用性。

（五）奥斯本检核表法

奥斯本检核表法是指在考虑某一个问题时，先制成一览表，对每项检核逐一进行检查，引导主体在创造过程中对照九个方面的问题进行思考，以便启迪思路、开拓思维想象的空间、促进人们产生新设想、新方案的方法。主要面对的九大问题为：有无其他用途、能否借用、能否改变、能否扩大、能否缩小、能否代用、能否重新调整、能否颠倒和能否组合。

奥斯本检核表法是一种产生创意的方法，在众多的创造技法中，这种方法是一种效果比较理想的技法，人们运用这种方法后，产生了很多杰出的创意和发明创造。

（六）TRIZ

TRIZ 是俄文"发明问题解决理论"转换成拉丁文的词头缩写，是一种系统化的发明问题解决理论，用来帮助发明家通过有系统、有规则的方法，解决发明过程中可能遇到的各种问题。

TRIZ 是 1946 年以苏联海军专利部阿奇舒勒为首的专家开始对数以百万计的专利文献加以研究，经过五十多年的收集整理、归纳提炼，发现技术系统的开发创新是有规律可循的，并在此基础上建立了一套系统化的、实用的解决发明创造问题的方法。到目前为止，该理论被认为是最全面地、系统地论述解决发明问题、实现技术创新的理论。TRIZ解决创新性问题的思路在于它采用科学的问题求解方法，具体方法就是将特殊的问题归结为 TRIZ 的一般性问题，然后运用 TRIZ 带有普遍性的创新理论和工具寻求标准解法，在此基础上演绎形成初始问题的具体解法。这种从特殊到一般的方法，充分体现了科学解决问题的思想，具有可操作性。

（七）六项思考帽

六项思考帽是英国学者爱德华·德·博诺提出的一种思维训练模式，是一个全面思考问题的模型。六项思考帽是用六种不同颜色的帽子代表六种不同的思维模式。六项思考帽是平行思维工具，是创新思维工具，是人际沟通的操作框架，是提高团队智商的有效方法。

白色思考帽：象征着客观和中立，它收集的是已知的和需要知道的资料和信息。白帽思维是寻求纯粹事实和数据的一种简便方法，这些事实和数据以中立且客观的方式被提出来，不加任何解释，只要事实。

绿色思考帽：象征创新和改变，它寻找更多的可选方案和可能性，从而获得具有创造力的构想，是一种创新思维，它具有创新思考、头脑风暴、求异思维等功能。绿帽思维强调创新与冒险。

黄色思考帽：象征着积极和乐观，它可以帮助人们采用积极、乐观的思维方式。它从正面考虑问题，表达乐观的、满怀希望的、建设性的观点。黄帽思维强调价值与肯定。

黑色思考帽：象征冷静、反思或谨慎。它以探索事物的真实性、适应性、合法性为焦点，运用负面的分析，帮助人们控制风险。它从反面探索，人们可以用否定、怀疑、质疑的看法，合乎逻辑地进行批判，尽情地发表负面的意见，找出逻辑上的错误。黑帽思维强调逻辑与批判。

红色思考帽：象征着感觉、预感和直觉。红帽思维可以说是白帽思维的对立面，它是情绪、感觉和思维的非理性方面，不需要解释，不需要给予任何理由或依据。人们可以表达自己的情绪，还可以表达直觉、感受、预感等方面的看法。红帽思维强调直觉与感情。

蓝色思考帽：象征着思维中的思维，是用来管理思维过程的，对思维过程进行控制，负责控制各种思考帽的使用顺序，它规划和管理整个思考过程，并负责作出结论。蓝帽思维强调系统与控制。

六项思考帽的应用步骤如下：

（1）陈述问题（白帽）；

（2）提出解决问题的方案（绿帽）；

（3）评估该方案的优点（黄帽）；

（4）列举该方案的缺点（黑帽）；

（5）对该方案进行直觉判断（红帽）；

（6）总结陈述，作出决策（蓝帽）。

六项思考帽是革命性的，因为它把人们从思辨中解放出来，使人们可以理清思考的不同方面，帮助人们列出所有的观点，然后寻找解决之道。

五、大学生创新能力培养途径

大学生创新能力的形成，不是单一因素影响的结果，而是多种主客观因素长期综合作用的产物。

（一）大学生要注重自己创新能力的培养

创新能力是在大学生学习、实践、生活过程中自觉形成的，体现在知识水平、思维方式和个性特点之中。

知识、能力水平是影响自主创新意识的前提条件，一个人如果没有深厚的知识文化底蕴及对知识的获取欲望，那么在较高层次水平上创新是很难实现的。此外，还要具有敏锐的观察力、丰富的想象力、逻辑思维能力，以及辨别、判断和选择的能力，这些都需要大学生自觉学习、锻炼，没有主观因素的培养和提高，自主创新意识将难以形成。

（二）加强创新创业教育，培养大学生创新意识

高校是为国家培养创新人才的重要阵地，世界各国的高等教育改革，都非常重视对大学生进行创新意识培养。20 世纪 70 年代，美国提出了培养具有创新精神的跨世纪人才的目标。20 世纪 80 年代，日本把培养大学生的创造能力作为通向 21 世纪的教育目标。我国现代化建设的快速发展，向高校提出了培养大批创新型人才的要求。《教育部关于

大力推进高等学校创新创业教育和大学生自主创业工作的意见》指出："在高等学校开展创新创业教育，积极鼓励高校学生自主创业，是教育系统深入学习实践科学发展观，服务于创新型国家建设的重大战略举措；是深化高等教育教学改革，培养学生创新精神和实践能力的重要途径；是落实以创业带动就业，促进高校毕业生充分就业的重要措施。"创新创业教育是以培养具有创业基本素质和开创型个性的人才为目标，对大学生分阶段分层次地进行创新思维培养和创业能力锻炼的教育。创新创业教育可以培养大学生的创新意识和创业能力，为大学生的创新创业奠定基础。

（三）参加创新创业培训

大学生应积极参加创新创业培训，培训可以提高大学生的批判性思维能力、洞察力、决策力、组织协调能力与领导力等各项创新创业素质，使大学生具备必要的创业能力。引导大学生认识当今企业及行业环境，了解创业机会，把握创业风险，掌握商业模式设计策略及技巧。通过撰写创业计划书、开展模拟实践活动，鼓励大学生体验创业准备的各个环节，使大学生了解创新人才的素质要求，掌握开展创业活动所需要的基本知识。

（四）开展创新创业实践活动

大学生应该充分利用高校设立的创业园、创业孵化基地、创业实习示范基地等，开展创新创业实践活动，为走出校园自主创业积累实践经验，提高创业的成功率。

（五）参加创新创业竞赛

创新创业竞赛可以激发大学生的创业热情，营造校园创新创业氛围，引导大学生树立创新创业理想，多形式地为有创新意识和创业能力的大学生提供实践训练的平台。参加创新创业竞赛，有利于大学生进一步强化创新创业意识，增强创新创业勇气、信心和能力，为实现创业梦想奠定良好的基础。目前，大学生创新创业竞赛项目主要有国家级大学生创新创业训练计划、"挑战杯"全国大学生系列科技学术竞赛、全国大学生数学建模竞赛、全国大学生节能减排社会实践与科技竞赛、全国大学生电子设计竞赛、全国大学生智能汽车竞赛、中国大学生计算机设计大赛、"未来伙伴杯"智能机器人大赛、全国大学生电子商务"创新创意创业"挑战赛、全国大学生"用友杯"沙盘模拟经营大赛、"互联网＋"大学生创新创业大赛等。

第三节 创业能力概述

一、创业概述

2015 年政府工作报告明确地将"大众创业、万众创新"作为经济增长的新引擎。2016年政府工作报告强调："充分释放全社会创业创新潜能……打造众创、众包、众扶、众筹平台，构建大中小企业、高校、科研机构、创业者多方协同的新型创业创新机制。建设一批'双创'示范基地，培育创业服务业，发展天使、创业、产业等投资。"

（一）创业内涵

《现代汉语词典》对"创业"的解释是创办事业，其中，事业是指人所从事的，具有一定目标、规模和系统而对社会发展有影响的经常活动。《辞海》对"创业"的解释就是创立基业，其中，基业是指事业的基础。由此可见，创办事业是创业的本质。创业有广义和狭义之分。广义的创业是指创业者对自己拥有的资源或通过努力能够拥有的资源进行优化整合，从而创造出更大的经济或社会价值的活动。这种活动可以是营利性的，也可以是非营利性的；可以是经济领域的，也可以是文化、教育、科学、政治等领域的。狭义的创业是指个人或团队自主创办企业，是个人或者团队在市场环境下发现的一个商机，并用实际行动转化为具体的社会形态，获得利益，实现价值的过程。它是以利润为导向的、有目的性的行为。这个概念包括四层含义：（1）创业是一个创造的过程，创业者要付出努力和代价；（2）创业的本质在于对创业机会的商业价值进行发掘与利用，即要创造或认识到事物的一个商业用途；（3）创业的潜在价值需要通过市场来体现，即市场是实现财富的渠道；（4）创业以追求回报为目的，包括个人价值的满足与实现、知识与财富的积累等。

（二）创业的类型

创业是一个不断发展变化的过程，不同领域、不同主体有不同的创业活动，因此对创业类型的划分，可以从不同的角度进行。

1.按照创业目的划分

按照创业目的，可将创业分为生存型创业和机会型创业。生存型创业是指创业者把创业作为其不得不作出的选择，由于没有别的、更好的选择，创业者必须依靠创业为自己的生存与发展谋求出路。当前，大学生就业形势严峻。就业是摆在大学毕业生面前的一大难题，部分毕业生没有顺利就业，不得不通过创业来谋求出路。机会型创业是指创业者把创业作为其职业生涯的一个选择，是创业者自动自发地开创企业的过程，是创业者为了追求一个商业机会而从事的创业活动，虽然创业者还有其他选择，但他们由于个体偏好选择了创业。

2.按照创业主体的参与人数划分

按照创业主体的参与人数，可将创业分为个人创业和团队创业。个人创业是创业者根据自身的知识、技术、人际、经济等方面的资源，独立创办企业的过程。团队创业是由两个或两个以上具有知识、技术、人际、经济等资源互补的创业者组成，为了实现共同的创业目标，进行分工并担负责任的创业过程。

3.按照创业的创新程度划分

按照创业的创新程度，可将创业分为创新型创业和模仿型创业。创新型创业是指创业者建立新的市场和顾客群，突破传统的经营理念，通过自身的创造性活动，引导新市场的开发和形成，通过培育市场，营造商机，不断满足顾客的现有需求并开发其潜在需求，逐步建立起顾客的忠诚度和对企业的依赖，为经济、社会的全面进步，提供巨大的原动力的一种创业模式。模仿型创业是指创业者看到他人创业成功后，通过模仿和学习而进行的创业活动。模仿型创业具有投资少、见效快、进入市场迅速等特点。这种形式的创业，创新的成分比较低。创业者如果具有合适的创业人格特性，经过系统的创业管理培训，掌握正确的市场进入时机，那么获得成功的机会就比较大。

（三）创业的基本要素

创业是创业主体在市场环境下，产生创业想法，识别创业机会，整合创业资源，确定创业项目并实施的过程。创业主要由创业者、市场环境、创业机会、创业项目、创业资源五个要素构成。

1.创业者

创业者是实施创业的人，是创业的核心要素，是创业的主体。创业者的定义有广义和狭义之分。广义的创业者是指参与创业活动的全部人员；狭义的创业者是指创业活动的核心人员。在实际创业过程中，狭义的创业者比广义的创业者要承担更多的风险，但也会获得更多的收益。

对于创业者而言，优秀的素质是自己创业活动的基础，所以创业者应该以诚信为本，做到诚实无欺、信守承诺、言行一致、表里如一。诚信不仅是为人处世的基本准则，也是经商之魂，在创业过程中，诚信是创业者参与竞争的有力武器。

创业者还要具备敏锐的直觉、创新的意识和敢于竞争的魄力。创业者在创业过程中起关键作用，承担着产生企业想法、识别创业机会、整合资源、开发产品或服务、开拓市场等任务。

2.市场环境

市场环境是指影响创业者创业活动的外部环境，它是客观存在的，不受创业者的控制。创业者的创业活动必须在一定的市场环境中进行。市场对创业活动的影响表现在两个方面：一方面，有利的市场环境能够促进创业活动顺利进行；另一方面，不利的市场环境会增加创业的风险，导致创业活动受挫甚至失败。

3.创业机会

创业机会是创业过程的核心，是创业成功的关键。创业者从发现和识别创业机会开始创业。创业机会是指没有被满足的市场需求，它是市场中现有企业留下的市场空缺。创业机会广泛存在于经济活动中，科技的进步、消费者需求的增加、市场环境的变化、政策的变化等，都会带来创业机会。

4.创业项目

创业项目是创业活动的载体，是创业者为了达到商业或社会目的，将创业机会和资源整合并具体实施的工作，具体表现为创业者在某个产业领域中，进行的生产、管理和经营活动。

5.创业资源

创业资源是指创业者在创造价值的过程中需要的特定资产，它是企业创立和运营的必要条件，包括创业资金、创业机会、创业技术和信息资源等。资金对于处在不同发展阶段的企业来说都是非常重要的。在企业快速发展时期，资金的短缺将直接限制企业的发展壮大。而在创业之初，企业主要靠自筹资金，对于符合一定条件的创业者，将有可能获得一定的政府扶持资金。技术是一定产品或服务的重要基础。产品与服务当中的技术含量及其所占比例，是企业满足社会和市场需求的重要保障，是企业的核心竞争力。信息资源涉及企业生产和经营活动过程所产生、获取、处理、存储、传输和使用的一切信息，贯穿新企业管理的全过程。由于市场竞争十分激烈，对于新企业来说，就更需要丰富、及时、准确的信息，以争取到更多的其他要素资源。当创业者比其他竞争者掌握的信息更多时，就能获得更多的创业机会。

创业的五个要素互相影响、互相联系、密不可分，并构成了一个创业系统。创业者只有将市场环境、创业机会、创业项目和创业资源有机地结合起来，才能进行创业。离开这四个要素，创业者只能是潜在的创业者。创业者要善于利用市场环境，抓住机会，选择合适的项目，合理配置资源。

（四）创业的模式

创业的模式主要有新办企业、收购现有企业、依附创业（包括特许经营、代理经销等）、兼职创业等。对于大学生创业者来说，创办新企业、加盟连锁品牌、开办网店、代理经销等模式比较常见。

1.创办新企业

创办新企业是指从发现创业机会、组建团队、开展市场调研、选择创业项目、登记注册、积累客户，到企业的经营管理等，每一步都在自己的努力下完成的过程。

2.加盟连锁品牌

加盟成熟的连锁品牌，企业能够迅速获得现有的产品支持、成熟的管理经验和强大的品牌支撑。加盟连锁品牌的最大特点是利益共享、风险共担，可以满足不同资金实力、不同需求的创业者，对于经验不足、资金有限的大学生创业者来说，这是一个很好的选择。

3.开办网店

目前，网络覆盖面非常广泛，人们的生活越来越离不开网络，购物、交友、工作都可以通过网络来实现，因此对于有创业意愿的大学生来讲，网上开店也是一个不错的选择。网络平台较多、开办手续简单、投入少、利润大、风险低、覆盖面广，这些都是网上开店的优势，但需要注意的是，网上开店，诚信非常重要。

4.代理经销

代理经销是一种常见的创业模式，代理是在行业范围内接受他人委托，为他人促成或缔结交易的过程。代理商的职责主要是促成交易和缔结交易。大学生是活跃的网购者，但一些高校禁止快递员进入校内送货，而快递员的送货时间不能满足广大学生的需求，给网购带来了不便。为了解决校园"最后一公里"问题，高校快递代理商应运而生，成为大学生创业实践的平台，既方便了同学，又为自己提供了创业机会。

（五）创业过程划分

创业活动包含许多要素和步骤，不同阶段有不同的工作要完成。具体来说，创业活动可以分为以下四个阶段：

1.自我认识阶段

（1）认清自己。创办企业是许多大学生的梦想，但在创办企业之前，大学生必须了解创办企业所必需的条件，必须认真审视自己，判断自己是否适合创办企业。因为任何一个企业的成功，都与创办者的性格、能力、经济状况等密不可分。创业的成败取决于创业者本身，创业者在决定创业之前，应该客观分析自己，看看自己是否具备创业的素质、技能和物质条件。成功的创业者之所以成功，不是因为运气好，而是因为他们敢于挑战、工作努力，并且具有经营企业的素质和能力。

（2）认清创业带来的挑战。第一，创业对创业者自身的挑战。创业需要资金，创业者可能需要寻求家人、朋友的帮助，或者向银行贷款等。创业需要花费大量的时间，创业者可能需要不分昼夜、没有节假日地工作。缺乏社会经验是大学生普遍存在的问题，创业者要不断地学习、突破自我，要协调好各种社会关系。第二，创业还面临着外部压力和风险。创业有可能会失败，创业者要做好应对失败风险的准备和承担相应的责任。市场竞争是难免的，有时还要与竞争对手合作，创业者要学习、尊重对方，以赢得市场份额。在创业的过程中，还会出现意外情况，创业者要提前做好各种防范措施，避免企业受到损失。

2.创业准备阶段

（1）产生创业想法，确定创业项目。在经过第一阶段的评估后，创业者对自己能否创办企业已经有了明确的认识，如果创办企业是自己想做的事情，而且自己也适合创办企业，那么就要进一步考虑创办什么样的企业，也就是要为自己寻找好的创办企业的想法，识别创业机会，确定创业项目。有了合适的创业想法后，要对它进行检验，要知道它是否可行，是否经得起推敲。一家成功的企业，始于正确的理念和好的想法。

（2）制订营销计划。明确了创业项目，创业者就要学习市场营销知识，评估创业项目有没有市场。市场营销计划为企业指明了发展的方向，是创业的规划，通过制订市场营销计划，明确定位哪些人是企业的顾客、他们需要什么产品或服务，以及怎样满足他们的需求并从中获取利润。

（3）组成创业团队。完成了市场营销计划的制订后，就表明创业者已经对企业将来的运行情况有了预测，知道了要生产什么产品或提供什么服务，以及生产多少产品或怎样提供服务等。产品或者服务都需要依靠人来生产或提供，这就要为企业组建团队，合理安排人员，优质、高效地完成生产或服务工作。

（4）选择企业法律形态。企业是一个组织，需要有一种法律形态。在不同的企业法律形态下，企业的法律地位和创业者、投资者的风险责任有所不同。创业者需要根据已经确定的创业项目，研究、比较每一种法律形态的特点，为企业选择合适的法律形态。

3.创业启动阶段

（1）登记注册。所有企业都要按照国家的法律法规开办和经营，并承担相应的法律责任。我国法律规定，新办企业必须经工商行政管理部门核准登记，企业只有登记注册，才能受到国家法律的保护。当然，在企业开办和经营的过程中，必须遵守国家的法律法规。

（2）准备资金。企业在登记注册后，就要准备开办企业。创业者需要明确开办企业必须购买的物资和必要的开支有哪些，需要预测所需资金是多少。如果资金不够，则要考虑怎样获取更多的资金。此外，创业者还要关注企业能不能盈利，要制订合理的销售计划，预测利润空间。

（3）制订创业计划。创办企业之前，创业者需要做大量的准备，需要收集、整理大量的信息。在选择项目、组建团队、确定法律形态、登记注册等基础上，制订详细的创业计划，进一步明确是否已经做好了开办企业的准备。

4.经营新企业阶段

企业一旦开办起来，创业者既要做好内部的管理工作，包括人员管理、财务管理等，又要积极应对新企业成长过程中所遇到的各种风险和挑战，还要协调工作和休闲等问题。这就要求创业者要不断学习和提升自身的能力，带领企业不断发展和壮大。

二、大学生创业能力概述

（一）大学生创业能力概念

1.创业能力

创业能力与一般意义上的能力不同，它是一种与社会职业相关的综合能力，具有丰富的内涵。因此，关于创业能力，专家学者有着不同的认识和表述。

郁义鸿、李能志认为，创业能力是指在一定的条件下，人们发现和捕获商机，将各种资源组合起来并创造出更大价值的能力，即潜在的创业者将自己的创业设想成功变为现实的能力。

严强认为，创业能力是以人的智力活动为核心的、具有较强的综合性和创造性的心理活动机能，是与个性心理倾向、特征紧密结合在一起的、在个性的制约和影响下形成并发挥作用的心理过程，是经验、知识、技能经过类化、概括后形成的，并在创业实践活动中表现为复杂且协调的行为动作。

高耀丽认为，创业能力是将自己或他人的科研成果或市场创意转化为现实生产力的能力，包括专业知识运用能力、创新能力、社会能力（捕捉市场信息及分析市场的能力、经营管理及理财能力、人际交往能力、团队合作能力、发现人才和使用人才的能力、适应变化和承受挫折的能力）等。其中，专业知识运用能力是构成创业能力的前提，创新能力是创业能力的基础，社会能力是创业能力的核心。

毛家瑞、彭刚、陈敬朴认为，创业能力是一种具有很强的实践性的能力；创业能力是一种具有较强综合性程度的能力；创业能力是一种具有创造性特征的能力，是一种自我开发、自我实现性质的创造力；创业能力是与个性倾向、特征紧密结合在一起的行为操作方式；创业能力是知识、技能经过类化和概括化后形成的、稳定的心理范式。创业能力包括专业职业能力、经营管理能力、综合性能力三种。其中，综合性能力又包括发现机会、把握机会、利用机会、创造机会的能力，收集信息、处理信息、加工信息、综合利用信息的能力，适应变化、利用变化、驾驭变化的能力，非常规性的决策和用人的能力，交往公关社会活动的能力等。

2.大学生创业能力

1998年召开的世界高等教育大会发表的会议宣言表明，为方便毕业生就业，高等教育应主要关心、培养创业技能与主动精神。毕业生不仅仅是求职者，还是工作岗位的创造者。该宣言特别提出"把创业能力的培养作为'第三本教育护照'，要求把事业心和开拓技能教育提到与学术性和职业性教育护照同等地位"。

大学生创业能力是指正在接受大学教育的在校生，以及刚毕业还没有找到工作的学生，通过学校、社会、家庭等教育，发现和捕获商机，将各种资源组合起来，并创造出更大价值的能力，即将自己的创业设想成功变为现实的能力。根据联合国教科文组织的概念，创业能力包括意识层面和行动技能两方面。其中，意识层面包括首创和冒险精神，行动技能层面包括创业的能力、独立工作的能力、技术能力、社交能力和管理能力。

（二）大学生创业能力培养的结构体系

1.大学生创业能力培养的目标

专家指出，创业的最佳年龄一般在25岁到30岁，这段时期是创新思维最为活跃、精力最为充沛、最好动脑筋、创造欲最旺盛的高峰期。尤其是在网络软件、广告、策划、咨询、证券、投资等知识密集型行业，经验不再重要，重要的是创新精神。而人在30岁以前是最有创新精神的。大学生符合这些特征，因此大学生是创业能力培养最合适的对象。

大学生创业能力培养的总体目标是：根据我国国情，通过高校创业教育、国家政策等途径，以提高大学生创新创业能力为目标，转变思想，掌握自谋职业的本领，使他们更多地从"等、靠、要"到自主创造，为我国各行各业培养出更多的创新型人才。具体目标是培养大学生具有创业精神，丰富大学生的创业知识，健全大学生的创业心理，提高大学生的创业能力。

2.大学生创业能力培养的内容

创业要比一般的工作更复杂，它具有多方面的因素，需要创业者具备全面的能力，创业活动的成功与否在很大程度上取决于这些能力。因此，对大学生进行创业能力的培养要全面、具体，包括以下四个方面：

第一，创业意识和创业精神培养。"意识对物质具有反作用"，意识是一种蕴藏于人们头脑中的精神能量。因此，创业意识和创业精神是决定是否创业的关键因素。创业意识包括创业动机、意向、需要和信念等，创业精神包括坚强的意志、勇于奉献的精神、远大的理想等。由于我国教育体制和传统观念的积弊，大学生普遍缺乏创业意识和创业精神，不愿、不敢去拼搏，总希望寻求一个"铁饭碗"。树立创业意识，可以培养大学生百折不挠与无私奉献的精神，在复杂的环境中锻炼自己的品质，更好地实现自己的人生价值。

第二，专业知识技能培养。创业不仅要求大学生了解相关的专业知识，而且要求大学生具备处理实际问题的能力。因此，大学生在校期间不但应学好并巩固自己的专业知识，还要不断提升自己的专业技能，加强动手能力。专业知识技能包括经营管理知识、法律知识、实验室操作实验等理论和实践的知识。同时，大学生还要学习、培养收集和分析案例，为自己的创业做好铺垫。

第三，工作方法能力培养。工作方法能力是指大学生在创业过程中分析问题、解决实际问题的能力。工作方法能力包括决策能力、组织能力、管理能力、开拓市场能力、创新能力等。决策能力培养的是大学生在复杂的环境和情境中当断则断、当行则行、当止则止的能力；组织能力培养的是大学生在工作中做到统筹兼顾、合理安排、步调一致的能力；管理能力培养的是大学生对人、财、物的合理使用和支配能力；开拓市场能力培养的是大学生抓住市场机遇、销售企业产品和服务、拓展和开发市场的能力；创新能力培养的是大学生与众不同、勇于创新、开拓进取的能力。

第四，社会能力培养。社会能力是指大学生在创业过程中接触社会、与人打交道的能力，以及对问题和风险的承受能力，具体包括人际交往能力、表达能力、团队合作能力和承受挫折能力。人际交往能力是指创业者在创业活动中对内协调处理好与下属各部门、各成员之间的关系，对外妥善处理与公众（政府部门、新闻媒体、消费者等）之间的关系的能力。表达能力包括口头和书面的表达能力。人际交往能力和表达能力培养的是大学生的沟通能力。团队合作能力要求创业者与合作者、雇员、有关机构及同行的合作能力，它培养的是大学生与他人合作共事、和睦相处的能力。承受挫折能力是指创业者勇于面对失败和挫折、具备坚强不屈的毅力，它培养的是大学生乐观的人生态度和奋斗拼搏的勇气。

（三）我国大学生创业能力培养发展概况

我国对大学生进行创业能力的培养起步较晚。1998 年，清华大学举办的首届大学生创业计划大赛，拉开了我国高校创业实践活动的序幕，从而引发了高校对大学生创业问题的关注。1999 年 1 月，我国教育部颁布的《面向 21 世纪教育振兴行动计划》，提出了要"加强对教师和学生的创业教育，鼓励他们自主创办高新技术企业"，这是首次对创业教育理念的正式回应。随后，我国颁布了《中共中央国务院关于深化教育改革全面推进素质教育的决定》。2000 年 1 月，教育部公布了一项有关"大学生、研究生（包括硕士、博士研究生）可以休学保留学籍创办高校技术企业"的政策。2002 年，为响应由联合国教科文组织在"面向 21 世纪教育国际研讨会"上正式提出的"创业教育"，会议报告里阐述了"21 世纪的教育哲学"，提出了学习的"第三本护照"，即"创业能力问题，并要求把创业能力提高到与学术性和职业教育同等的地位"，我国个别高校自此开始试行创业教育。由此，中国人民大学、清华大学等 9 所高校率先进行了试点工作，拉开了创业教育进入高校的序幕。我国大学创业教育比较有影响力的三种模式如下：

第一种是以中国人民大学为代表的"第一课堂与第二课堂结合起来开展的创业教育"模式。第一课堂，即在理论方面增设有关创业能力培养的选修课程。第二课堂，即在实践方面开展创业教育讲座，以及各种创业竞赛和社团活动，使学生尽可能地投身于各种创业实践活动中。这也是大多数高校试行的模式。

第二种是以黑龙江大学、北京航空航天大学为代表的"以组建职能化、实体化的创业教育教学机构来推进创业教育"模式。黑龙江大学成立了创业教育学院、创业教育领导小组等六个校级创业教育试点单位，全面推进创业教育。北京航空航天大学成立了专门负责与学生创业有关事务的"创业管理培训学院"。两所大学以这些职能化、实体化的创业教育教学机构为依托，开设有关创业能力培养的课程、创建大学生创业园区、设立创业基金等具有特色的创业能力培养理论课程和实践活动。

第三种是以上海交通大学、复旦大学和武汉大学为代表的"以创新为核心的综合式创业教育"模式。三所大学在创业教育的指导思想和办学理念，以及在理论知识的传授和实践课程的学习中，都有明确的规定，并在资金和技术上给予学生一定的帮助。

除了高校为大学生提供的创业教育外，国家还出台了一系列政策，鼓励大学生创业。例如，2003 年，国家针对大学生出台了多项优惠政策，除限制部分行业外，学生只要能够提供本人的身份证、毕业证及工商部门批准从事个体经营的有效证件，并向当地工商、税务、卫生、民政、劳动保障、公安、烟草等部门的相关收费单位申请，经收费单位核实无误后，就可以按规定免交有关费用，但这些优惠和鼓励政策只是处于暂时促进大学生就业阶段，还没有提高到"发展国家经济'驱动力'"的高度。

教育部近几年的报告显示，大学生创业的成功率仅为2%~3%。可见，我国对大学生进行创业能力培养的发展道路任重而道远。为此，要真正、全面地培养大学生的创业能力，使更多的大学生走上创业之路，就必须深入研究我国大学生创业能力培养存在的主要问题及其原因。

（四）大学生创业能力培养存在的主要问题及原因

1.个人、家庭方面的问题：创业意识薄弱，观念陈旧

在大学生创业方面，首要的问题就是大学生个人观念和家庭观念存在偏差，这要追溯到长期沉淀在人们心里的、深层的传统观念。长期以来，很多人习惯处于被动地位，安于现状，对于主动创新和变革并不接受。从家庭来看，家庭成员的价值观、父母对创业的态度、家庭环境和状况，对大学生创业造成了一定程度的影响。很多家长期盼自己的孩子能有一份可靠、稳定的工作，尤其是那些"地点好、环境好、压力小、层次高、工资高"的工作单位是家长的首选。还有一部分家长对于大学生创业不能理解，觉得孩子辛辛苦苦上了四年大学就浪费了，认为创业风险大、不稳定、是没有未来的，并且对于大部分普通家庭来说，也承担不起巨大的资金投入和风险，家长对大学生创业的冷漠态度和排斥心理，直接限制了大学生的创业意愿发展和创业能力培养。从个人的角度来说，大学生始终受到自身就业观的束缚，择业期望值过高，甚至受到家庭的溺爱，养成了"等、靠、要"的思想，创业意识淡薄，缺少敬业精神、团队精神、合作精神等，动手能力较差。这些主客观原因，导致大学生创业步履维艰。所以，大部分家长和大学生的观念陈旧，使到机关、大企业、大城市就业受到追捧，造成了大学生创业意识薄弱的现状。

2.高校方面的问题：缺乏系统化的创业教育理论和课程设置

从高校教育来看，长期以来，高校一直注重理论教育，分数的高低是评价学生学习好坏的标准，应试教育常常固定着人们的思维，高校创业教育严重缺失，创业教育体系不完善，脱离社会和实际，在这种体系的笼罩下，大学生缺乏创新精神和创业能力。具体来说，包括以下四个方面：

第一，在认识方面，高校还没有深刻领会创业教育的目的、意义、内容等，有些高校只是喊口号。由于重视程度不够，大部分高校还没有关于创业教育的固定的组织机构

和从事专项工作的人员，仅仅停留在对大学生开展一两场创业讲座而已。

第二，在课程方面，目前尚无统一的、科学的创业能力培养教材，只是孤立地开设一些相关的创业选修课，没有创业专业和系统的课程。

第三，在师资方面，高校中的创业型教师屈指可数，有创业实践经验的教师更是寥寥无几。这些教师对大学生的创业教育仅仅是"浅尝辄止"，甚至是"纸上谈兵"。

第四，在社会实践方面，由于高校缺少支持创业的专项资金和系统化的创业教育，以及很少在这方面与企业进行联系，导致大学生缺少创业实践活动的机会。

3.政府方面的问题：创业的基础设施不完善、政策措施不配套

近几年，国家和各级地方政府纷纷出台了一系列大学生创业政策，以支持和扶持大学生创业，在一定程度上虽然促进了大学生创业，但在实际操作过程中，还存在以下几个问题：

第一，创业的基础设施不完善。即与创业相关的政策、法律、金融等设施不完善，创业基金政策滞后，融资渠道单一，而大学生在创业过程中缺乏资金是最大的问题。

第二，政策措施不配套。目前，我国除了教育部门、劳动保障部门、人事部门、公安部门以外，其他部门对于扶持大学生创业的配套政策较少，这也是制约大学生创业能力培养的一个重要原因。

4.社会环境方面的问题：创业的社会文化氛围不浓

目前，我国还没有形成一个大学生自主创业和鼓励创业的良好的社会文化氛围。造成这种情况的原因有以下几点：

第一，我国的传统文化制约着人们创新求变的思想。长期以来，由于受到封建思想的影响，很多人存在墨守成规、安于现状、顺其自然、听天由命等思想，这渐渐使人们形成了一种习惯，难以改变。

第二，我国传统的经济体制制约着人们创新求变的思想。由于受到传统的重农抑商、重工抑商等思想的影响，以及长期的计划经济体制束缚了人们的创新思想，导致目前社会还没有形成敢于创新、全社会创新的宽松氛围。

第三，中国的家庭教育和学校教育培养模式与思想，在一定程度上影响了大学生创业能力的提升。"分、分、分，学生的命根""捧上金饭碗"等从小就充斥着大学生的大脑，应试教育阻碍了很多大学生创新思想和创业能力的发展。

三、国外大学生创业能力发展机制及启示

（一）美国

美国的创业教育活动处于世界领先地位，创业是美国经济增长的秘密武器。据统计，美国95%的财富是1980年以后创造的，这得益于美国大学培养的大批具有创业能力的人才。有一组数据在创业教育界广泛流传：20%～30%的美国大学生选择毕业后自主创业。虽然未能查找到其权威出处，但仍可说明美国大学生的自主创业率是较高的。

1.政府资源在创业能力培养机制中发挥主导作用

第一，坚持施政导向。美国的创业活动得到了包括政府在内的美国社会各界的支持。从政府方面看，为了激励和支持创业活动，一方面，美国政府通过其所属的各种机构来对创业活动实施影响；另一方面，美国政府把支持创业作为自己施政的主要内容之一，美国大部分的州和首府都有自己的创业支持计划。

第二，完善法律法规。1953年，美国颁布了《小企业法》，这是较早的支持自主创业的法律之一。1958年，美国中小企业局出台了《中小企业投资法案》，促成了中小企业投资公司的成立，为中小企业发展提供了良好的支持条件。1978～1980年，美国国会又连续出台、修订了《雇员退休收入保障法》《小企业投资促进法》等，通过推动创业投资来扶持自主创业。1980年，美国国会通过了《史蒂文森·威德勒技术创新法》，明确指出联邦政府对国家投入的研发成果转化负有责任，并要求各主要联邦实验室设立研究和技术应用办公室。《贝多法案》更是刺激大学直接从事科学研发，对美国公民，尤其是大学师生和大学毕业生的创业活动起到了重要的推动作用。2000年，美国通过了《技术转让商业化法》，除了进行技术转让的许可规定外，还增加了中小企业优先条款等。一系列法律法规的完善与出台，给大学生创业项目的运营创造了良好的环境，为大学生创业能力的提升与发展打开了空间。

第三，整合各类资金资源。美国政府持续地致力于开发和整合社会各界创新创业能力发展资源，特别是多渠道地谋求创业教育的资金支持。自20世纪70年代以来，美国政府陆续颁布了一系列相关政策，大幅度推动了风险投资产业的繁荣，并设立了多种形式的政府基金，推动创业教育的发展。

第四，强化教育培训资源。美国政府颁布了多部关于职业培训和职业教育的法律，通过这些法律，结合政府拨款，调动州政府、地方政府和私人机构，包括私人企业和社

团的积极性，开展针对求职人员和失业人员的多种形式的培训。除此之外，还设置了多样化的创业教育组织机构，主要有小企业管理局、美国堪萨斯州青年创业家、柯夫曼创业中心等。

2.高校资源在创业能力发展机制中发挥主体作用

第一，创业教育课程资源。几乎所有的美国高校都提供创业课程，其中，最受欢迎的课程有创业、小型企业管理、新企业创建、技术创新、风险资本、小型企业咨询、小型企业策略研讨、小型企业融资创造等。这些课程注重与通识教育的融合，呈现出从"重教"向"重学"转变的趋势。

第二，创业教育项目资源。各高校或社会团体牵头发起创业项目，让大学生通过系统学习，达到相关要求，进而获得学分或学位证书。项目预先规定了创业教育的层次、内容、持续时间、深度、广度，以及大学生获得证书或学位所需学习的创业课程及达到的标准，推动创业教育在高校的发展并取得实效。从面向对象和目标角度来说，有的高校实行聚焦模式，在商学院或管理学院内部开展，致力于培养专业化的创业型人才和创业教育师资；有的高校实行全校开放式教育，面向全校大学生，将创业作为一种实践性工具，培养不同学科背景大学生的创业精神和创业意识。

第三，系列教育活动资源。美国高校在课堂内外组织开展了多种教育活动，例如，开展商务策划活动，围绕创办企业的一系列问题进行讨论，帮助大学生发现并探索创业机会；开展问题解决活动，让大学生像发明家一样思考问题和解决问题，激励大学生提出富有创造性的问题或观点，并寻求解决办法；模拟创办企业活动，为大学生学习创业技能和规划自己的企业提供一次真实的锻炼机会；开展促销活动，让大学生亲身体验商品与市场的对接。

第四，创业教育机构资源。众多美国高校将创业教育中心设置为创业能力培育基地，有利于整合有限的学术资源，更加灵活地保持与外界的联系，更好地满足跨学科解决现实问题的需要。

3.其他社会网络资源在创业能力培养机制中发挥推动力

第一，资金资源的支持。美国的创业成功者积极对高校进行反哺，通过捐助成立高校的创业中心和创业教席，保障了高校创业经费来源的稳定性。另外，美国的小企业管理局是最大的公共创业投资机构，风险投资和天使投资可以保障创业计划的顺利实施。

第二，实践实训资源的支持。众多的美国高校注重与政府、企业、社区、医院和民间团体等建立广泛且深入的合作关系，为广大学生提供各种各样的志愿服务和设计实践的机会，并与学科专业紧密联系的企业保持长期的合作伙伴关系，为大学生提供大量的就业创业实践实习的机会。

（二）英国

英国是传统的近代工业发源地，有着其他国家和地区无可比拟的商业基础及创业环境。英国的经济结构具有发达国家经济的典型特征。对于大学生创业者来说，英国有其独特的优势。英国的创业环境非常适合新创企业的成长，例如，英国的监管结构透明易懂，目的在于鼓励良性竞争；电子商务的高速发展，给大学生创业者带来了巨大的便利等。

1.制定创新战略，调整政府职能

英国政府注重对创新创业工作的整体部署，2004 年颁布了"知识创造价值" 5 年计划，确定了新工业政策。贸工部对下属机构进行了调整，加大了对高层次企业创新的支持力度。例如，小企业服务局开展了网络服务，项目包括向政府有关部门反映小企业的利益需求，为小企业发展提供政策咨询等。同时，小企业服务局分别在各个高校建立了"向公司传授计划中心"，为小企业提供科技创新资源和人才智力支持。

2.减免研发税收，提供贷款担保

英国为支持企业创新，对所有企业的研究开发工作提供了大幅度的税收优惠，中小企业符合条件的研发费用支出，可享受的税收减免额度高达 150%，新创企业如果放弃税收优惠，也可获得占符合条件的研发费用的 24%的返款。2005 年，英国贸工部出台了关于减税成效评估的文件，以求更好地给予高度创新的公司以税收支持，使得研发减税工作更能体现出简明、连续的原则。

为了支持中小企业创新，英国贸工部还制订了小企业贷款担保计划，通过政府层面的担保，解决了中小企业难以从银行直接获得贷款的问题。对于开展 2 年以上贸易活动的公司，贷款额度提至最高 25 万英镑。在这套机制下，政府为企业贷款额的 75%提供担保，在企业还款时只需要向贸工部支付每年 2%的保险费。

第四节　创新型人才的重要性及培养

21 世纪需要创新型人才，而创新型人才培养是我国教育始终关心的问题，也是新世纪教育面临的战略任务。当代大学生作为未来社会发展的中坚力量，其创新能力的激发与培养尤为重要。因此，对于创新型人才的培养，应该从基础教育抓起，学校应担负起培养具有创新品质的创新型学生的责任。

一、创新教育与创业教育

（一）创新教育

创新教育有广义和狭义之分，广义的创新教育是指区别于传统应试教育的形式，以培养人的创新素质和创业能力为目的的创新型教育活动。狭义的创新教育是指以培养具有创新意识、精神、思维、人格及创造能力为目的的教育活动。学者对创新教育有不同的见解。

张立昌认为，创新教育应该调动学生的主观能动性，注重学生主体创新精神、技能、思维的开发和培养；阎立钦提出，创新教育应该弘扬学生的主体精神，促进个性发展，以研究和解决学生的创新意识、创新精神和创新思维的培养问题为核心，不断探索；张德茗通过分析创新能力的内涵，认为构建高校创新教育体系，其途径在于突破思维定式、注重个性发展、加强创新型教师队伍建设和营造校园创新氛围等。

（二）创业教育

创业教育同样有两层含义，狭义的创业教育是以培养学生从事事业、企业、商业活动、策划等所需要的各种综合能力为目的的教育；广义的创业教育是培养具有探索精神、冒险精神、首创精神等心理品质，且在创业过程中具有专业能力、社交能力和管理能力的创业者。

（三）创新与创业之间的关系

熊彼特从经济学的角度将创新与创业联系起来，即创新是生产要素和生产条件的重新组合，这种组合能够更新原来的成本曲线，且会产生超额利润或潜在的超额利润。换句话说，创新可以创造出一个新的生产函数，创业是在新的生产函数上所建立的新组织。在很多情况下，创业的成败是由创新的程度决定的。因此，创新教育与创业教育在内涵上是相互包容、相互影响的。

创新是创业的基础，创业是创新的载体。科学技术和思想观念的快速发展和更新，不断推动着人们的物质生产和生活方式的改变，这种更新和发展不但能为人们提供新的消费需求，还能源源不断地促进创业活动的产生。创业在本质上是人们的一种创新性实践活动，任何创业活动的主体进行的实践活动都是能动的、开创性的，是一种高度的自主行为，因此主体的创新性是创业活动的基础。

创新的价值体现在能将潜在的技术、知识或市场机会转变成现实的生产力，从而实现社会财富的增长，造福人类社会。但创新成果的商品化、市场化必须依靠创业来实现，创新成果的经济价值、社会价值也必须通过创业来体现，因此创业是创新的载体。创业可以推动新发明、新产品或新服务的不断涌现，创造出新的市场需求，从而进一步推动和深化各方面的创新，因此可以提高企业或整个国家的创新能力，推动经济的增长。

通过以上对创新与创业关系的论述，可知创新与创业之间的关系并不是相互独立或对立的，而是有着非常紧密的内在联系的。2012年，《教育部关于做好"本科教学工程"国家级大学生创新创业训练计划实施工作的通知》提出，通过实施国家级大学生创新创业训练计划，促进高等学校转变教育思想观念，改革人才培养模式，强化创新创业能力训练，增强高校学生的创新能力和在创新基础上的创业能力，培养适应创新型国家建设需要的高水平创新人才。

基于以上对创新教育与创业教育的分析，可以发现创新教育与创业教育均有各自的特点，详见表4-1。

表 4-1　创新教育与创业教育的特点归纳

类别	特点
创新教育	创新意识、创新思维、创新精神、创新人格、创造能力、创新素质、探索精神、创新技能、创造性智力、创新性品质等
创业教育	探索精神、冒险精神、首创精神、专业能力、社交能力、管理能力、创业动机、创业精神、创业知识、创业心理、创业意识、创新精神等

二、创新创业能力概述

（一）创新创业能力的内涵

创新能力是在技术和各种实践活动领域中，不断提供具有经济价值、社会价值和生态价值的新思想、新理论、新方法和新发明的能力。创业能力是一个人或团队进行创业所需要的能力，具体包括开拓创新、组织沟通、风险承担等。而这两个"能力"是密切相关、密不可分的。纵览以"创新创业能力"为主题的学术论文，创新创业能力的内涵主要被阐释为三类：其一，将创新创业能力看作创新教育中培养的创新能力；其二，将创新创业能力看作创业教育中培养的创业能力；其三，将创新创业能力理解为创新能力与创业能力的结合，兼顾创新能力和创业能力，并以创业能力为落脚点。上述三类阐述其实不够全面，大学生的创新能力包含了创造性思维和想象力等，创业能力包括了计划、组织和实践能力等多方面内容，因此创新创业能力是一种既具备实践能力、创新能力，又具备创业潜能的复合型能力。

（二）创新创业教育的内涵

"创新创业教育"的概念源于 1989 年联合国教科文组织召开的面向 21 世纪教育国际研讨会。会议指出，创新创业教育是以培养创新创业精神和能力为核心的一种教育模式。它是一种健全人格式的教育，其根本目的是转变人才的类型，即将就业型人才转变为创新创业型人才。

当前，创新创业教育的内涵可大致分为三种：其一，把创新创业教育理解为创新教育；其二，把创新创业教育认为是创业教育；其三，把创新创业教育拆分为创新教育和创业教育，认为这两者是创新创业教育的基础。事实上，创新创业教育应该是一整套系统工程，并不能拆分理解。创新创业教育不能单纯地被理解，更不能等同于创新教育或创业教育。创新创业教育是将创新教育、创业教育、学生自身的专业教育三者相结合，采用新型的教育模式，让高校学生更多地参加校内、校外的实践活动，由此帮助学生确立自己的人生目标，形成自己的思维模式，提升自身的专业知识，从而让大学生形成创新创业行为的教育。创新是创新创业教育的本质内容，创新创业教育可以激励大学生的创新精神、创业意识和创新创业能力，其目的是培养和促进大学生的发展。

（三）创新创业能力的培养

目前，在网络软件、广告、策划、咨询、证券、投资等知识密集型行业中，经验已经不是很重要的方面，重要的是创新发现精神。大学生思维活跃、精力旺盛，是最有创新精神的。因此，大学生是创新创业能力培养的最佳对象。对大学生进行创新创业能力的培养，使其在学校得到的不仅仅是专业理论知识的教育，还在创新意识和创业能力方面得到了综合提高，在走出校门后可以更好地适应瞬息万变的世界。

总之，大学生创新创业能力的培养目标，包括认识能力和实践能力两个方面。其中，认识能力涵盖了对大学生创新意识、创新思维方式、创新认知和创新精神的培养；实践能力涵盖了对大学生动手能力的培养、创业素养的提高和创业潜力的发掘，以及为大学生提供更多的创业实践机会。

（四）创新创业能力的具体内容

国家在"十四五"规划中明确提出，要激发人才创新活力。贯彻尊重劳动、尊重知识、尊重人才、尊重创造方针，深化人才发展体制机制改革，全方位培养、引进、用好人才，造就更多国家一流的科技领军人才和创新团队，培养具有国际竞争力的青年科技人才后备军。健全以创新能力、质量、实效、贡献为导向的科技人才评价体系。基于上述分析，培养大学生创新创业能力，可以从提高以下五个方面的能力着手：

第一，创新性思维能力。创新性思维能力包括丰富的实践经验，但也需要扎实的专业知识储备作为依托，以及在知识学习过程中训练出的观察能力、思辨精神和逻辑素养。

第二，实践实验能力。在高校教育中对大学生进行创新创业能力培养，可以帮助大学生开展实践活动，实践教育也是高校创新创业能力培养的重点内容。建立创业实践基地，开设创业实践课程或举行创业实践体验，是高校培养大学生创新创业能力不可缺少的内容。

第三，能独立思考、独立判断和独立从事科研活动的能力。高校教育的核心是培养大学生独立思考、判断和行动的能力，创新创业能力培养离不开这些大学生应该具备的基本素质的养成，它们有助于大学生在创新创业中更好地发挥自身的优势，促进创新创业的成功。

第四，学术交流与经验积累能力。这是一个合格的高校毕业生应具备的最基本的能力，若没有较好的学术交流能力，将会给大学生日后的创新创业实践带来不可预计的障碍。

第五，学习批判能力。让大学生具备质疑、批判的能力，激发其对所批判问题的解构、改造热情与决心，并在此基础上尝试创新。在高校教育中对大学生进行创新创业能力培养，可以让大学生学会从不同的角度看待问题，从而培养其勇于改造与创新的心态，并不断摸索、尝试，渐渐整合出有别于传统思维和既定模式的创新点。

三、创新创业能力培养的相关理论基础

（一）公共部门理论

公共部门是指国家授予公共权力，并以社会公益为组织目标，管理各项社会公共事务，向全体社会成员提供法定服务的政府组织。学校是国家的公共部门，政府也是国家的公共部门。对于政府的定义，有狭义和广义之分，但在本书中，主要使用的是狭义的概念，即管理高校的一个行政机关。而高校被定义为"实施高等教育的机构"，即从事科研工作与从事教学的全日制普通高校。高校普遍都有高度的自主权，但为什么政府要干预高校呢？具体原因如下：

首先，政府和高校都是公共部门，政府要保障高校为公众服务，因此对其进行干预，如监督和提供财政支持。

其次，高校作为一个公共部门，享有自主权，但为了防止高校滥用权利，政府实施必要的干预可保证高校的正常发展。

最后，随着社会的发展，高等教育发挥着越来越重要的作用，接受高等教育已经成为常态，受教育的权利已成为社会发展的一个重要部分，所以国家要通过各种保障政策，确保人们都有受教育的权利，避免不平等现象的发生。

（二）公共物品理论

公共物品有狭义和广义之分。狭义的公共物品是指纯公共物品，而现实中有大量的物品是基于公共物品和私人物品之间的，不能归于纯公共物品或纯私人物品，经济学上一般将其统称为准公共物品。将高等教育看作公共物品，主要是因为高等教育对国家、社会及个人都有很大的影响力。从各个方面来看，高等教育是以一种准公共品而存在的，高等教育的规律和特点决定了其公共性。高等教育也存在外溢性，外溢性也称为外部效应或者外部经济，社会的经济行为对他人或社会产生了利益影响。高等教育的外溢性明显，特别是在我国经济快速发展的情况下，高等教育在社会发展中的作用显得格外突出。

（三）高等教育功能理论

高等教育存在着等级和分层的普遍现象，归结起来有两点原因：第一，市场竞争造成的；第二，受到政治的影响，以及由国家和地方政府分配决定的。前者为市场调节模式，后者为政府控制模式。但这种分等级和分层次的现象，对创新创业教育的发展有很大的阻碍，如出现高校资源分配不均等问题。各种类型的高校都应当共存，要协调和实现高校与高校之间的资源的平等共享。

高校是培养国家应用型人才的重要基地，面对激烈的国际竞争，高校肩负的培养人才的任务更加艰巨。只有高度重视教育和人才问题，才能促进国家在国际上占领优先地位。高校不仅是发展先进科技力量的领军队伍，更是实施人才战略的主力军。高校的职能包含五个方面，即培养各类人才、发展科学研究、服务社会、文化传承与创新，以及国际交流与合作。

（四）创新创业战略论

美国在创新创业战略上一直是全球的领跑者。目前，美国总体经济实力明显下滑，为了改变现状，美国于 2009 年、2011 年、2015 年先后出台了三版创新战略，完成了创新创业战略的新布局。美国着重投资创新创业的基础设施，培养和刺激新的创新创业的高效率竞争市场，增加资源以培养科学技术力量。欧盟在创新创业战略上加强整体布局，积极完善创新体系建设，加强创新系统的内在布局，发挥创新创业整体的效果和能动性。欧盟首先推行创业资助计划，积极推动和帮助中小企业创新创业。例如，英国通过"企业创新券计划"资助中小企业与科研机构合作，欧盟加大公共创新研发的支持力度。在新兴产业方面，欧盟也做足了准备。欧盟主动推进政府完善创新战略规划，参加全球性的创新网络平台，为打造欧洲创新的新群体做准备。

我国推动创新创业战略，必须坚持科教兴国和人才强国战略，坚持尊重劳动、尊重知识、尊重人才、尊重创造的基本国策，坚持现阶段的经济制度和分配制度等。目前，我国在创新创业发展的过程中仍存在着许多问题，创新创业战略机制与社会发展速度不匹配，创新创业战略制度的不健全导致创新阻力较大。因此，必须树立全新的思维模式和经济发展观念，完善国家创新创业战略体系，做好战略规划和设计。

第一，创新创业战略的持续强化。从创新创业战略角度看，美国创新战略底层是美国创新基础建设，中部层次是创新市场化，最顶层是促进国家优秀领域的发展和突破。我国应借鉴这种政策及实践经验，明确创新创业的中长期发展目标，充分利用全球创新创业现有资源，实现各领域创新。

第二，将人才作为核心要素。在人才战略方面，美国、日本、德国等都把人才作为立国战略，靠人才创新打造国家核心的竞争力。目前，我国还存在一些妨碍创新人才成长的因素，人才创新的灵活体制机制受到了抑制和束缚。因此，应建立创新制度，打破这种抑制和束缚，促使各种创新创业人才在企业、高校和科研等领域活跃起来。

第三，完善我国创新创业基础设施建设。创新创业基础设施作为国家基础设施的重要组成部分，既是创新创业发展的基础，又是我国总体创新创业发展的重要部分，还是提高国家竞争力的后备力量。因为创新创业基础设施具有基础性和公共性的特点，发达国家将创新创业基础设施作为促进国家经济发展和提高国际竞争力的重要举措，而我国在创新创业基础设施方面相对落后，所以应该加强我国创新创业基础设施投入和发展建设，更多地考虑如何建设创新创业基础设施、大数据等基础平台，让这些后备力量提供真正的基础性支撑。

第四，策划和规划面向未来的全球科技竞争。在激烈的国际竞争外部冲击压力下，我国应加强未来科技竞争的战略准备。

四、创新型人才的含义及重要性

（一）创新型人才的含义

创新型人才，就是具有创新精神和创新能力的人才，通常表现出灵活、开放的个性，具有精力充沛、坚持不懈、注意力集中、富于冒险精神等特征。

创新型人才需要具备人格、智能和身心三方面的基本要素，并具有为真理献身的精神和良好的科学道德，是人类优秀文化遗产的继承者、最新科学成果的创造者和传播者、未来科学家的培养者等。

（二）培养创新型人才的重要性

从时代环境的角度来说，培养大学生的创新能力，是时代发展的需要。知识经济的到来，是生产力和生产方式战略性变革的结果，而作为知识载体的人才及人才的创新能力，则是推动知识经济发展的核心动力和决定未来竞争成败的关键所在。另外，知识经济社会的不稳定性、不可测性、跳跃性和复杂性等特点，要求人们不仅要适应原有的生活规律，更要改造和创造新的生活条件，不断完善自我，还要强调创新精神、创新观念和创新行为。因此，人们只有培养创新意识，进行创造性学习，才有可能在知识经济的浪潮中立足。

从个体自身的角度来说，创新能力的激发与培养是人自身全面发展的需要。创新能力是人的生命力和人类本质的最高表现，符合个体全面发展的需要，它是人性和谐发展必不可少的组成部分。马克思主义从实践的根本观念出发，确认了人的创造性不仅是人的本质属性，也是人的一种生存状态，即人之本性的自然延伸。人只有在创造活动中，才能成为真正意义上的人。但这种创造潜能的实现，必然需要教育的支持。

从创新能力的本质来说，创新能力人人皆有，是每个人与生俱来的能力，正如法国哲学家亨利·伯格森所说："创造能力是人类生命本身的特性，对尚未形成稳定的创造能力外在表现的人来说，它只不过是还处于一种潜在的状态罢了。"美国心理学家瑞普也认为，创新能力本质上是人重新认识和解决问题的能力，从这层意义上讲，人人皆有创新能力。然而，创新能力是有层次的，即创新能力有高低之分。因此，对大学生的创新能力进行培养，是很有意义的。

（三）创新型人才的培养

大学生是高校为国家培养的高级专门人才，为了符合面向现代化、面向世界、面向未来的新时代要求，大学生应自觉地培养和提高自己的创新能力，使自己成为一名合格的大学生，为新时代中国特色社会主义建设事业贡献力量。

进行创新型人才培养，可以从以下四个方面着手：

1.营造环境

注重创新型人才的培养，必须从人才强国战略的高度，真正树立人才资源是第一资源和最重要战略资源的理念，要深化教育教学改革，实施创新教育，更要为创新型人才的成长创造良好的环境。

（1）校园环境的影响。校园是个大熔炉，校园文化以巨大的无形力量浸润着大学生，而且这种影响是极其深远的。为了营造创新教育的环境，学校管理要变封闭型为开放型，要改变以往管得过多的做法，创建健康有序、宽松和谐的育人环境。例如，积极开辟第二课堂，成立学生社团和科技兴趣小组，强化技能训练，广泛开展科技与技能竞赛活动等，鼓励大学生的创新精神，培养大学生的创新意识，锻炼大学生的创新能力。

（2）教师的影响。在学校中，教师对大学生的影响是最大、最直接、最深远的。要培养一批有创新能力的大学生，首先要有一支具有创新精神和创新能力的师资队伍。教师在"传道、授业、解惑"的过程中不断影响着大学生，而创新教育又特别强调为大学生营造一种宽松的氛围，鼓励大学生质疑、提问、标新立异，提倡学术面前无权威、真理面前人人平等。这就要求教师既要以严谨的教学态度传授知识，培养大学生有举一反三、闻一知十的思维能力，又要在学术研究和科技活动中勇于创新，为大学生做表率，更要注意克服"师道尊严"的旧传统，贯彻教学民主，在教学和科技活动中建立民主、平等的师生关系，鼓励大学生大胆创新等。

（3）教学计划的影响。为了培养大学生的创新能力，必须在教学计划的制订中突出创新教育，要把培养大学生具有不断追求科学知识、实事求是、独立思考、勇于创新的科学精神，作为学校培养目标的一项重要内容；要对大学生应达到的创新能力，有明确的要求；要建立有利于培养创新能力的课程体系。但是，自我支配的时间和空间，只是为发展大学生健全的个性提供了前提条件，并不能自发地培养其创新能力，这就要求学校精心组织教学，提供指导力量，创建各种创新实践基地，提供有关创新实践的条件，使不同的大学生都能获得发挥创新能力的机会。此外，还应使大学生在选课、选专业、转系、转学等方面有较大的自由度，使教学计划更有弹性、教学内容更多样化；要增强大学生学习的自主性，使大学生能够根据自己的条件及个性特点，适当地调整学习内容和学习方法，在教学诱导训练中逐渐培养大学生的创新人格。

2.培养创新人格

高校必须在培养大学生拥有健康人格的基础上，注重对大学生创新人格的培养。

兴趣和好奇心是大学生力求认识自然界、人类社会和自身，渴望获得科学知识和不断探求真理的动机。在他们参与科学探究、技术创新活动的动机中，最现实的内容之一就是兴趣和好奇心。因此，教师在组织教学、学校各部门在组织课外活动时，要抓住大学生的好奇心，启发其求知欲，激发他们探索科学的兴趣。

高校还要注重培养大学生实事求是、敢于质疑、敢于探索和创新的科学精神，这是他们持续参与创新活动，最终成长为创新型人才的至关重要的因素。

3.培养心理素质

心理学的研究表明，良好的心理素质是创新能力发展的基础。很难想象，一个缺乏明确且远大的理想、没有探索热情、意志薄弱、性格懦弱的人，会有很高的创新能力。因此，在高校教育中，应有意识地提高大学生的心理素质，这会对大学生创新能力的发展起到独特且重要的作用。

首先，注意培养和强化大学生耐挫折的心理品质。现在的大学生大部分都是在顺境中长大的，普遍缺少吃苦耐劳的精神，耐挫折心理素质较弱。而在创新活动中，总会遇到各种各样的困难和挫折。创新活动就是一个不断克服困难和障碍的活动，如果不注意对大学生进行挫折教育，大学生遇到困难和挫折就会垂头丧气，不敢迎着困难前进，缺少战胜困难的信心和勇气，经受不住失败的考验，无法进行创新活动，更谈不上创新能力的培养。因此，在教育过程中，教师应适当地对大学生进行抗挫折教育，让大学生品尝失败的痛苦，了解探索的艰辛，从而提高他们的心理承受能力。

其次，培养大学生良好的人际适应能力和团结协作精神。创新活动需要广泛的合作与交流，需要相互启发、相互激励、相互支持、相互帮助，需要发挥集体的智慧，集思广益，博采众长。创新能力强的人，也一定具备与他人合作共事的良好素质和能力。因此，要培养大学生的创新能力，就要帮助他们形成良好的人际适应能力，帮助他们掌握与他人同心协力解决问题的方法和技巧，培养他们的团结协作精神。

最后，培养大学生良好的情绪和情感。心理学研究表明，良好的情绪和情感，不仅可以促进生理健康，而且可以促进心理健康。具有良好情绪和情感的人，对生活充满热爱，对自己充满信心，好奇心和求知欲强烈，思想活跃，爱好广泛，行为积极主动，富于想象，从而使自己的创新能力得到提高。反之，不良的情绪和情感，不但危害身体健康，还会影响神经系统的功能，使人的认知范围变窄、分析判断能力减弱、思路受到阻碍，使得创新性受到抑制，导致创新能力下降。因此，在学校教育中，教师应注意培养大学生良好的情绪和情感。

4.激发创新精神

一个人要想从事创新活动，就要具有创新精神。创新精神体现在强烈的创新动机，以及对事物的批判、革新精神上。

（1）激发强烈的创新动力。大学生应提高对自己创新能力的期望值，想象自己有创新能力，并能够通过这种创新能力实现自己的远大理想。现代心理学研究认为，每个人在某种强度上都具有创新的禀赋，但只有心理正常的人，才会把创新潜力付诸实践。这里所谓的"心理正常"的人，是相信自己是"有创新精神、有创新意识"的人。创新能力培养的前提是具有良好的创新意识，其核心前提就是自信，即相信自己有创新能力。大学生有着较高的文化知识水平，更应该相信自己有创新能力。

大学生应树立崇高的人生目标，对高成就进行不懈的追求。因为仅仅有自信心而没有很强的进取心和创新欲，创新活动也不可能进行，如果遇到困难就退缩，其创新能力是难以提高的。所以，大学生要珍惜大好时光，勤奋好学，确定奋斗目标，努力培养自己的才能，只有这样，才能保证创新动机在巨大的激励下得以实现。

大学生要善于发现创新的实际需要。研究表明，引起某一创新冲动的关键是认识"需要"。一般来说，人的需要可大体分为物质需要和精神需要。前者如生产的需要，衣、食、住、行的需要，后者如阅读的需要、娱乐的需要、艺术的需要等。不过，"需要"有时在人们面前并不明显，需要通过一系列实践活动发现它。当人们一旦把"需要"转化为个体想要解决的问题时，就产生了某种创新行为的动机。因此，大学生要善于发现创新的实际需要。在平时，也要学会关心他人、关注社会，积极参加社会实践活动，从社会生活的实际需要中激发自己发明创新的动力。

（2）培养批判的精神。培养大学生的创新精神，除了激发动机以外，还要注意培养他们批判的精神。任何创新能力都是在解决问题的过程中表现出来、发展起来的，而要解决问题，首先要发现问题、提出问题。要想发现问题、提出问题，就必须具有批判的精神。具有批判精神的人，善于独立思考，使自己不受传统观念的束缚，而以科学的眼光去看待各种事物。

大学生应采取何种措施使自己具有批判的精神呢？关键是要培养自己的问题意识。问题意识实际上就是"打破砂锅问到底"，喜欢问为什么。在现实中，有些大学生在学习中不善于质疑，提不出问题，原因就在于其缺乏问题意识。有些大学生在心理上受到传统观念、学术权威的约束，有些大学生则是过多地考虑自尊心、面子问题。大学生要大胆地克服这些阻碍创新性发展的心理障碍，坚持用实事求是的科学态度去对待一切事物，摆脱传统观念和习惯性思维方式的影响，培养勤学好问、善于钻研、独立思考的良好品质。

五、"互联网＋"背景下大学生创新创业型人才的培养

互联网技术的不断深化与发展，使公众的社会生活有了巨大的变化，使人与人之间的交流更加方便，信息传播也更加快速。2015年，在第十二届全国人民代表大会第三次会议审议的政府工作报告中，首次提出了"互联网＋"行动计划。"互联网＋"逐渐成为一个热门话题，越来越多的企业加入"互联网＋"的时代浪潮中，运用其带来的最新技术，推动着一些产业的转型与发展。"互联网＋"的主要功能是通过发挥互联网的优势，使各个生产要素得到最优的配置，在经济社会等诸多领域深化、融入互联网产业的创新成果，以提升实体经济的发展与创新，从而形成基于互联网的一种新的经济发展形态。"互联网＋"的出现影响了社会的各个领域，越来越多的行业与"互联网＋"联系起来，形成了"互联网＋农业""互联网＋教育"等新的经济形态。

高校是集产学研于一体的公共组织，大学生的创新创业能力是整个社会创新创业能力的集中体现。2015年5月，《国务院办公厅关于深化高等学校创新创业教育改革的实施意见》提出，要全面深化、改革、部署高校创新创业教育，助推我国实现创新驱动的发展战略，促进经济的转型与升级。虽然"互联网＋"对大学生创新创业能力的培养提出了新的挑战，但也带来了新的机遇。如何抓住"互联网＋"的机遇，迎难而上，对高校大学生创新创业能力的培养具有重要的意义。

（一）"互联网＋"对于大学生创新创业的现实意义

目前，从国家到地方，相继出台了一系列有助于大学生创新创业能力培养的政策，许多高校也将创新创业教育作为改革高校人才培养方式的重要助力器，将大学生创新创业教育能力培养作为促进高校大学生就业的重要推进器。在"互联网＋"的背景下，各类生产要素资源的配置更加优化，互联网信息技术的发展，为形成一个更加开放、更加包容、更加富有创意的社会环境提供了条件，这对于大学生创新创业能力的培养具有十分重要的意义和作用。

1."互联网＋"拓宽了大学生创新创业的范围

"互联网＋"不仅对高校人才培养提出了新的要求，而且为高校的创新创业教育注入了新的血液。"互联网＋"作为一种新的经济常态，主要依靠互联网的优势与传统行业相结合，从而形成新的行业、新的经济发展模式。传统的创新创业需要大量的资金、物力和人力的支持，但在"互联网＋"背景下，创业项目种类繁多，范围广泛，涉及金融、医疗、交通和健身等各个领域，各种各样的创新服务、创新软件令人目不暇接，且创新创业项目的投入较小，所需要的可能仅仅是几个人、几台电脑，这就给那些没有多少资源和资金的大学生提供了极大的便利性。

2."互联网＋"为大学生创新创业注入了新的活力

"互联网＋"使高校的创新创业教育迎来了真正的春天。互联网的高速发展，有助于高校突破校园围墙的限制，更好地融入"地球村"，从而形成一个"大社会"的环境。在该环境中，不同地域的教师、大学生可以相互交流、讨论，共同进步、提高。同时，互联网为大学生提供了海量的创新创业信息，帮助大学生开阔创业视野，提高创业素质。总之，互联网的发展为大学生的创新创业注入了新的活力，将互联网与大学生创新创业能力培养衔接起来意义重大。

3."互联网＋"激发了大学生的创新创业意识

"互联网＋"行动计划的实施，以及一系列创新创业政策的推出，不仅为大学生创新创业提供了许多便利，而且激发了大学生的创新创业意识。众所周知，"互联网＋"是我国当前经济社会发展中出现的一种新常态、新趋势，而且其发展呈现出"网状遍布"的发展势头，"互联网＋"影响着社会生活的诸多方面、诸多领域，在大学校园中更是以一种直观的文化价值形态展示出来，为大学生创新创业提供了展示平台，也使得许多大学生萌发了创新创业的意识，激发了他们的创业热情。"互联网＋"强化了互联网的优势，更加强调合作、共赢、开放与包容。因此，在"互联网＋"背景下，对大学生的创新创业能力进行培养，要顺应时代的潮流，结合大学生的特点，在创新创业教育中融入"互联网＋"的思想，培养大学生的互联网思维，帮助他们融入时代发展潮流。

（二）基于"互联网＋"的高校创新创业人才培养路径

"互联网＋"给各个领域的发展都带来了新的机遇与挑战。在教育领域，"互联网＋"有效地激发了大学生创新创业的热情，使其逐渐成为大众创业、万众创新的一种新型方式。面对"互联网＋"如火如荼的发展态势，如何抓住"互联网＋"的时代发展机遇，将其融入大学生创新创业能力培养中，是高校创新创业教育必须面对和思考的现实问题。

1.发挥政府在"互联网＋"创新创业中的引领作用

政府部门作为创新创业教育的积极推动者，可以从以下三个方面来发挥政府的主导作用：

第一，不断完善有关政策和法律法规，为大学生的创新创业提供政策支持和法律保障。国家和地方政府可以设立大学生创新创业"绿色通道"，简化各种审批手续，帮助大学生解决创业过程中遇到的难题；完善相关的法律法规，通过法律的约束，让创业者、企业、服务部门、管理机构的活动在公正的轨道上有序地进行，从而减少大学生创新创业的风险。

第二，设立大学生创新创业专项基金，为大学生提供资金支持与保障。政府要鼓励各国有商业银行、城市商业银行等机构，为大学生提供小额贷款，简化手续，提供资金上的便利，解决大学生的资金难题。

第三，成立专门的管理机构，主要负责大学生与各个部门、各个行业之间的沟通协调，解决他们创新创业过程中遇到的一些难题，如创业培训、理论指导、项目审核、法律解释、经费支持等，并定期组织创新创业教育座谈会、经验总结会，推广一些成功的案例，从而逐步探索建立我国的创新创业教育体系。

2.全面构建高校创新创业人才培养主阵地

互联网的快速发展，对教育领域的影响深远且巨大。许多高校教学方式、教务管理方式等的改变，都受益于互联网的发展。微课、MOOC 等让大学生体会到了"互联网＋"的魅力，这对高校开展"互联网＋"背景下的创新创业教育起到了重要的促进作用。

创新创业型人才的培养，需要专业知识、创业知识、网络技术和综合技能等多方面知识与能力的融合。优秀的师资力量是培养大学生创新创业能力的保障与支撑。因此，高校要培育一支充满活力、具备时代特征的师资队伍，带动创新创业型人才的培养。

产业化的互联网发展需要一批既熟悉信息技术，又了解产业流程的综合型、复合型人才。因此，高校要调整专业设置，科学制订教学计划，明确人才培养定位；要利用"互联网＋"的思维模式，形成"招生—培养—就业—创新创业"相结合的联动机制；要利用自身的教学、科研等资源和优势，为大学生搭建创新创业的实践平台，通过大学生创业指导中心、大学生创业孵化中心等，为致力于创新创业的大学生提供资源与服务。

3.鼓励企业主动承担起培养创新创业人才的第二课堂

企业是培养"互联网＋"背景下创新创业人才的第二课堂。高校创新创业人才培养离不开企业的支持，提高大学生的创新创业能力，必须发挥企业的作用。在大学生创新创业实践中，企业可以采取多种形式，如见习、实习、岗前培训等，以帮助大学生完成从学生到职业人的转变与过渡。在"互联网＋"时代，企业对人才能力、素质的要求不断提高，人才需求结构也不断变化，远远高于高校现有人才培养模式的要求。这就要求企业对员工的技能、素质有超前的考虑与谋划，有针对性地开展入职培训，提高新晋大学生对企业的了解与认知，搭建"互联网＋"创新创业平台，设置科研课题、科研基金及人才培养基金，培育一支符合企业发展要求的人才梯队，从而促进企业在"互联网＋"的背景下不断发展。同时，企业要加大与高校的合作，通过企业家进课堂、订单人才培养等形式，参与高校人才培养的全过程，弥补高校人才培养的不足，提升大学生适应企业需求、适应社会的能力。

4.鼓励和支持大学生勇当"互联网＋"创新创业的实践者和开拓者

大学生是社会发展的重要力量，是社会劳动力中有抱负、有知识、有活力的群体，承担着实现中华民族伟大复兴与现代化建设的重要任务。在"互联网＋"的背景下，大学生个人的发展面临着新的机遇，而且国家从宏观层面上明确了"互联网＋"的发展思路，正在不断完善各项政策与措施，以推动"互联网＋"经济的发展，这为大学生实现创业梦想提供了极好的机会。因此，大学生要抓住机遇，树立"互联网＋"的思维模式，与时俱进，在加强自身专业知识学习的同时，勇于创新与实践，不断丰富自己的学习内容，掌握更多的专业知识与技能，为创新创业打下坚实的基础。

六、基于精准扶持的贫困大学生创新创业能力培养

贫困大学生是大学生群体的重要组成部分。2016年12月，《教育部等六部门关于印发的〈教育脱贫攻坚"十三五"规划〉的通知》（教发〔2016〕18号）中明确指出，落实贫困高校毕业生就业创业帮扶政策，建立贫困毕业生信息库，实行"一对一"动态管理和服务。利用高校毕业生就业信息服务平台，为贫困毕业生推送就业岗位，组织开展就业见习、职业技能和创业培训，并按规定给予补贴。由此可见，党和政府不仅从经

济上对贫困大学生进行帮扶，还从就业创业能力培养上给予支持，目标是帮助贫困大学生创新创业，以此带动贫困家庭脱贫致富。高校是创新创业教育的载体，也是实施者，因此提高贫困大学生的创新创业能力，需要依托高校，建立全方位的创新创业培养体系。

（一）贫困大学生的界定及培养其创新创业能力的客观必要性

1.贫困大学生的界定

贫困大学生，也称家庭经济困难学生，是指学生本人及其家庭所能筹集到的资金，难以支付其在校学习期间学习和生活基本费用的学生。他们一般来自贫困山区家庭，农村偏远地区家庭，城镇低收入家庭，多子女家庭，单亲、失亲家庭等。贫困大学生数量占全国大学生总量的15%～24%，根据高校所在地区的经济状况略有差异，一般来讲，经济发达地区高校中的贫困大学生比例稍低，而经济落后地区高校中的贫困大学生比例略高。

2.培养贫困大学生创新创业能力的客观必要性

（1）培养贫困大学生的创新创业能力，是深化高校教育教学改革的重要组成部分。高校教育教学改革的目标是切实增强大学生的创新精神和实践能力，培养贫困大学生的创新创业能力，全面提升当代大学生的创新创业综合素质。贫困大学生的创新创业教育，是在高校创新创业教育基础之上的，因材施教是教育教学过程中一贯坚持的教学方法和教学原则，贫困大学生是大学生群体的重要组成部分，他们具备大学生的特质，也有区别于普通大学生的显著特点，所以高校在创新创业教育的过程中，采取有针对性的培养方式，以全面提高教育教学的水平和人才培养的质量。

（2）培养贫困大学生的创新创业能力，是提升高校创新创业服务水平的重要体现。高校创新创业服务主要通过建立健全的创新创业服务平台，为大学生提供政策解读、项目对接和培训实训等指导服务，通过加强创新创业教师队伍建设，聘请行业专家、创业校友等担任创新创业导师，有针对性地开展创新创业服务。贫困大学生是大学生中的特殊群体，是国家扶持的重点对象之一，因此通过分析贫困大学生的特点，辅以恰当的指导方法，从点到面，推进高校就业创业工作质量的提高，从而提升高校创新创业服务的水平。

（3）培养贫困大学生的创新创业能力，是新形势下高校资助育人工作的需要。在全国创新创业的大背景下，资助贫困大学生，不仅要给经济困难的大学生提供物质帮助，而且要重视培养他们的综合素质和能力，达到"育人"的目的。培养贫困大学生的创新创业能力，是提升他们综合能力的重要手段。

（4）培养贫困大学生的创新创业能力，是贫困大学生职业生涯规划发展的需要。除了具备一般大学生的特点以外，贫困大学生存在一些特殊性，由于受家庭经济条件的影响，生活阅历相对简单，创新能力、社交能力、组织管理能力、沟通能力总体偏弱，导致贫困大学生在就业的过程中处于不利地位，创业成功的概率也远远低于一般的大学生。这些结果导致贫困大学生在面对就业创业、人生发展、自我价值实现等问题时望而却步，对他们的发展有消极的影响，这要引起教育部门乃至全社会的关注。

因此，依托高校这一载体，开展创新创业教育，精准扶持，全面提升贫困大学生的创新创业能力，对于国家的经济发展和社会稳定具有长远的意义。

（二）现阶段提升高校贫困大学生创新创业能力的目标

虽然我国高校创新创业教育实践活动已经开展多年，在一定程度上提升了大学生的创新创业能力，但仍存在不足之处，尤其是贫困大学生的创新创业能力还有待提高。根据高校创新创业教育的要求，旨在从创新创业精神、创新创业意识、创新创业知识等方面提升贫困大学生的创新创业能力，具体内容如下：

1.培养贫困大学生积极向上的创新创业精神

创新创业精神，包含了积极进取的探索精神、坚持不懈的奋斗品质、强烈的社会责任感和集体荣誉感。对于贫困大学生来说，创新创业不仅是其实现个人生存、发展的需要，还是其回报社会、体现自身价值和获得成就的需要，具有显著的社会价值和影响力。

2.激发贫困大学生的创新创业意识

通过创新创业教育，加深贫困大学生对世界文化的了解，使他们的眼界变得开阔，这不仅有助于贫困大学生对所学知识的灵活运用、融会贯通，而且有助于贫困大学生通过认识自身现状的不足，产生通过创新创业改变目前状况的想法。高校教师要善于捕捉贫困大学生的思想，引导贫困大学生的想法，鼓励创新，活跃他们的创新创业意识。

创新创业知识包含专业知识和创业知识。高校的职能之一是科学研究，因此其教授的专业知识是处于社会前沿的，在培养大学生专业知识方面具有优势，高校在教授大学生专业知识的同时，也要注重提升大学生的专业技能。创业知识包含如何获得融资、如何组织团队、如何设计股权结构、如何选择好的创业项目，以及如何进行风险评估等。此外，高校要及时帮助贫困大学生了解和掌握国家就业创业相关政策、贫困大学生创业补助等信息。

（三）培养贫困大学生创新创业能力的路径探索

创新创业教育是高等教育的重要组成部分，因此培养贫困大学生创新创业能力，要依托高校的创新创业教育，做到统筹兼顾，既要提升高校的创新创业教育服务水平，又要有针对性地对贫困大学生群体提供精准帮扶。

1.优化高校大学生创新创业教育机制

（1）开展完善的创新创业课程教育。目前，全国大部分高校都开设了就业创业指导课程，但在课程的安排和设置上各有不同。南京某大学建立了以就业创业必修课程为主、SIYB 等培训课程为辅的课程教育机制。在大学一年级开设职业生涯规划课，在大学二年级开设创新创业教育课，在大学四年级开设就业指导课，这些都是必修课程。同时，有专门针对大学生的 SIYB 创业培训，培训对象要经过严格筛选，需要学生报名、学院推荐、学校选拔。必修课是以传统的课堂授课形式来教授创业知识的，有教学大纲，围绕创业、创业精神与人生发展、创业者与创业团队、创业机会与创业风险、商业模式开发、创业计划等内容展开，大学生学习的内容主要是创业理论知识。SIYB 创业培训的最大特色是开展各种形式的参与式教学，如分组讨论、角色扮演、头脑风暴等，在培训中设有游戏课程，培训师配备专门的游戏工具包，模拟不同的市场经营环境，大学生参与其中，扮演不同的市场角色，因此 SIYB 创业培训更倾向于大学生就业创业的实战训练。

（2）建立灵活的创新创业教育考核机制。创新创业教育与专业教育不同，它是建立在专业教育基础之上的，立足于专业教育，又高于专业教育，因此不能简单地将专业教育的考试方法运用到创新创业教育的考核中去。设立创新创业教育考核机制的目的是激发大学生创新创业的积极性和主动性，因此创新创业教育的考核，要依据大学生的特性、专业和兴趣，提倡灵活性。第一，考核的形式要自由。考核方式多样，如考试内容可以是提交一份创业计划书、创业实践报告或者发明专利等，力求形式多样化，由学校统一组织校内外专家批阅打分，大学生也可以选择参加学校安排的统一考试。第二，考核时间灵活。创新创业教育的考核区别于专业考试，不一定局限在学期末的固定时间段，如果采取大学生提交各类报告的考核方式，可设置一个时间节点，在规定时间内上交即可。灵活的创新创业考核机制，能帮助高校及时了解大学生的创新创业想法，并帮助他们付诸实践。尤其是对于贫困大学生来说，其在开展创新创业实践时，遇到的困难会更多一些，根据大学生提交的作业和考核情况，高校能给他们提供及时的指导和帮扶。

（3）具备多样化的创新创业实践平台，搭建贫困大学生创新创业实践项目。建立高校创新创业实践平台的目的是，营造创新创业的氛围和环境、树立创新创业意识、开展创新创业实践。

创新创业实践平台可以是以大学生社团为主体，如创业者协会、创业者联盟、未来企业家协会等，大学生社团是在共同的兴趣爱好的基础上建立的，能更好地发挥大学生的自主性。社团组织聚集在一起开展活动，参加校内外创新创业比赛，在促进社团成员成长的同时，对社团以外的成员也能起到影响和激励的作用。

创新创业平台可以以学校为主体，如大学生创业园、创新创业教育学院、就业创业示范班、创业沙龙等，传播创新创业理念和理论知识，提供创新创业实践机会，引导大学生将创新创业想法付诸实践。

创新创业平台的主导还可以是国家、社会和人力资源保障部门，组织开展全国范围内的创新创业比赛，为优秀的作品推荐投资；将在大学创业园里孵化的创新创业项目引入社会，并提供各类资金支持渠道，帮助项目走向成功。

此外，在鼓励贫困大学生参与校内外各项实践活动的同时，高校还应建立专门针对贫困大学生的实践项目，如设立贫困大学生勤工助学岗位、开展贫困大学生创新创业实训活动等，以锻炼、提高贫困大学生的综合素质。

2.充分发掘创新创业实践项目的作用，提高贫困大学生的创新创业能力

（1）扩大学生社团的影响力，推动贫困大学生参与创新创业社团。学生社团可开展多种创新创业大赛，如创业计划大赛、职业规划大赛等，以扩大影响力，尽量多地吸引大学生参与其中，提高贫困大学生的参与度。目前，在高校学生社团的骨干成员中，贫困大学生很少，是因为他们较缺乏敢于创新的精神，多数贫困大学生性格比较内向、不够自信。大多数贫困大学生以获得奖学金或顺利毕业为目的，将主要精力投入到书本学习中，对社团活动的了解和参与热情不够，因此通过创新创业活动的影响，带动贫困大学生的参与显得尤为重要。此外，辅导员在管理大学生的时候，对不同类型的大学生要采用不同的引导和教育方法，这样既能提高贫困大学生对创业的关注度，调动他们的积极性，又能提高创新创业活动的影响力，使创新创业活动产生较好的效果。

（2）发挥勤工助学岗位特色，培养贫困大学生的就业创业能力。勤工助学是指大学生在学校的组织下，利用课余时间，通过自己的劳动，取得合法报酬，用于改善学习和生活条件的社会实践活动。勤工助学是高校学生资助工作的重要组成部分，是提高大学生综合素质和资助家庭经济困难大学生的有效途径。校内勤工助学岗位为高校与贫困大学生之间建立了最直接的帮扶渠道，设立有特色的勤工助学岗位，辅以一定的考核和奖励机制，在不影响大学生学习的前提下，可激励贫困大学生创新性地做好工作。此外，高校可以与毕业生就业工作基地合作，设立校外的勤工助学岗位，给贫困大学生提供到社会工作、锻炼和学习的机会。

（3）树立贫困大学生成功创新创业的典型，带动贫困大学生投身创新创业实践。创业典型对于大学生的影响是巨大的，能激发大学生内心的创新创业斗志。尤其是贫困大学生创新创业成功的典型案例，不仅能对非贫困大学生群体起到激励的作用，而且能触动贫困大学生的内心。一个贫困大学生，通过自身的努力，创新创业，可以改变自己的命运，甚至改变整个家庭的命运，这对于大学生群体是非常励志的，能激励他们学习创新创业知识，并积极投入到创新创业的实践中去。

3.精准扶持，制订贫困大学生创新创业能力培养计划

培养贫困大学生的创新创业能力，不是一朝一夕就能完成的，是一个长期的过程，也是一个从量变到质变的过程，要达到这种变化，就要从制订"三个计划"着手。

（1）制订贫困大学生综合素质培养计划。综合素质包括人际交往能力、口头表达能力和组织协调能力等，大学生的综合素质往往与家庭经济条件有一定的联系，因此贫困大学生的综合素质总体偏弱。综合素质对创新创业能力有着直接的影响，高校要制订相应的培养计划，如针对贫困大学生定期开展综合素质能力提升训练营等活动，以培养、提高贫困大学生的综合素质。

（2）制订贫困大学生实践能力提升计划。高校应建立多个创新创业实践平台，以锻炼大学生的实践能力，但各种实践活动应是在大学生自愿参与的基础上开展的，由于种种原因，贫困大学生参与实践活动的热度和激情不够高，因此建议将贫困大学生参与实践活动的行为纳入贫困大学生评奖评优或国家求职创业补贴的评选要求中，量化贫困大学生参与创新创业实践活动的次数，要求其每学期参与一两次，杜绝惰性。

（3）制订贫困大学生创新创业资助计划。贫困大学生创新创业资助包含政策扶持和资金资助两方面，各高校应向大学生普及国家创新创业相关政策及贫困生资助政策，将"帮助贫困生创新创业"作为贫困大学生资助的高级目标，提升贫困大学生的就业层次。各高校也应该针对自身的实际情况制定相应的贫困大学生创新创业扶持政策，充分发挥高校辅导员的作用，通过谈心谈话的方式，引导贫困大学生在大学各阶段给自己制定一个创新创业实践的小目标，高校提供理论指导和资金支持，帮助贫困大学生在创新创业的路上走得稳、走得远。

第五章　大学生科技创新与科研能力

在知识经济时代，科技创新日益成为促进现代生产力发展的决定力量、经济增长的动力源泉、产业竞争优势演化的内部诱因。

第一节　科技创新概述

一、科技创新的基本理论

（一）科技创新的概念

科技创新是原创性知识创新和技术创新的总称，是指创造并应用新知识、新技术和新工艺，采用新的生产方式和经营管理模式，生产新的产品，提高产品质量，提供新服务的过程。科技创新可以分为三种类型，即知识创新、技术创新和现代科技引领的管理创新。

原始性的科学研究或知识创新是提出新观点（包括新概念、新思想、新理论、新方法、新发现和新假设）的科学研究活动，其涵盖新开辟的研究领域，并以新的视角重新认识已知事物。原始性的知识创新与技术创新结合在一起，可以不断丰富和完善人类知识系统，不断提高认识能力，不断更新产品。信息通信技术发展引领的管理创新，作为信息时代和知识社会科技创新的主题，也是当今时代科技创新的重要组成部分。

从微观上讲，科技创新有助于企业占据市场并实现市场价值，从而提升企业的核心竞争力乃至区域竞争力；从宏观上讲，科技创新能推动技术创新发展，促进整个社会生产力的提高，减少环境污染，满足社会需求，解决社会问题。

（二）科技创新的特征

1.科技创新的核心是创新

20 世纪 90 年代初，我国引入了"创新"一词，从而形成知识创新、技术创新、科技创新和国家创新系统等概念。科学的本质在于探索未知世界的规律，技术的本质在于发明改造客观世界的手段，它们的共同特点是通过新的发现，提升认识，创造新生事物。因此，科技的本质是创新，科技创新的核心也是创新。

2.科技创新的基石是科技

科技创新是基于科技的创新，是知识产权意义上的创新，而不是时空意义上的创新。科技创新强调自主创新。科技创新不能单纯地停留在科学创新、知识创新阶段，也不能割断技术创新的技术来源。科技创新不仅包括基础研究、应用基础研究等知识创新活动，也包括应用技术研究、试验开发、市场开发和商业化应用等系列活动。

3.科技创新的根本目的是提高生产率

科技创新能够提高生产率，科技创新的根本目的也是提高生产率。一方面，生产率决定竞争力；另一方面，提高生产率的一个根本途径就是科技创新。科学的发展、技术的进步，能够带动劳动者素质和技能的提高，使得劳动手段不断改进，最终提高劳动生产率。另外，新技术、新材料、新设备和新工艺等的应用，也能够大幅度提高生产率。可以说，当代的科技创新已经成为提高劳动生产率和整个经济增长的动力。

（三）科技创新的过程

科技创新活动包括两大阶段、五个环节。两大阶段是指知识创新和技术创新，其中，知识创新包括科学发现和技术发明两个环节，技术创新包括技术开发、生产开发和市场开发三个环节，如图 5-1 所示。

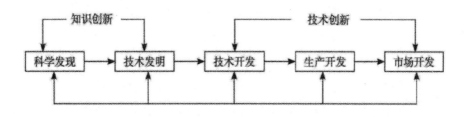

图 5-1　科技创新的过程

1.知识创新

知识创新是通过科学研究，包括基础研究和应用研究，获得新的自然科学、社会科学和技术科学知识的过程。知识创新的目的是追求新发现、探索新规律、创立新学说、创造新方法，以及积累新知识等。

科学发现和技术发明是知识创新的两个主要环节。知识创新是没有止境的，人类社会的一切发现、发明和创造都是知识创新的成果。

（1）科学发现。科学发现是指在世界上首次发现新现象、新规律或新理论，并对未知事物或规律进行揭示，表现为发现新事物、新现象、新特性、新原理和新定律，提出新假说和新理论，从而形成新学科。科学发现的本质是以探索未知为目的，寻求或寻找已有的、客观存在着的，而对人类来说是前所未知和前所未有的东西。科学发现是一个过程，可分为四个阶段：第一，提出并确立问题的阶段；第二，为解决问题而搜集科学事实的阶段；第三，对科学事实进行思维加工、整理的阶段；第四，提出科学假说与建立科学理论的阶段。

（2）技术发明。技术发明是指在世界上首次创造出新产品或新工艺的构思或蓝图，其结果是首创或创造出自然界和社会前所未有的新产品、新工艺、新流程和新方法，成果具有可感知性和创造性。技术发明的本质是以把自然科学的成果转化为直接生产力为宗旨，以改造自然、造福人类为目的。

2.技术创新

技术创新是科技创新的一个阶段，是指企业家抓住新技术的潜在盈利机会，更新组织生产条件和要素，并首次引入生产系统，从而推出新的产品、新的工艺，开辟新的市场，获得新的原材料来源，以及由此引发的金融变革、组织变革和制度变革的各种活动。技术创新与技术发明既有联系，又有区别。技术创新离不开技术发明，但技术发明不一定都能推动技术创新。只有发明实现了商业化应用，才是技术创新。技术创新强调的是第一次，是把一种生产要素的新组合首次引入生产过程，是发明的首次商业化应用。因此，技术创新是一个过程，是从新产品、新工艺的构想、研究、开发，到首次商业化应用的全过程。它具体包括技术开发、生产开发和市场开发三个环节。

（1）技术开发。技术开发是指企业技术研究人员把新思想、新构思转变为新的产品原型或样品的过程。技术开发是技术发明的第一次商业化。技术开发阶段的重点是产品的技术创新，即采用新能源、钻研新技术、进行设备改造，以及产品结构和性能的创新等。可以借鉴其他国家的新产品，也可以在老产品的基础上，部分采用新材料、新技术、新工艺，使产品的风格、功能及经济指标显著提高。另外，产品的规格、型号和款式等的变化，也能派生出新产品。

（2）生产开发。生产开发是指企业把新的产品原型或样品转变为新产品的过程。它是企业在确定将要投放到市场的产品原型或样品之后，即技术开发结束之后，到新产品正式投入批量生产之前，进行的工艺流程设计、产品标准制定、工作方法与劳动定额确定等一系列工作。它是新产品开发不可或缺和不可忽略的环节。要实现新产品开发，必然离不开批量生产，也就离不开生产开发。

（3）市场开发。市场开发是指企业把新产品转变为市场上所需要的新商品的过程，从构思开始，到新产品正式投放市场之前，所做的市场调查与研究、市场测试与评价，以及制订市场营销计划等各项工作。只有重视市场开发，才能真正给企业带来效益，形成企业的竞争优势，并在市场推广中捕捉到新产品开发的新信息，找准开发的方向。

二、科技创新的时代意义

目前，我国必须以科技创新为基础，带动全国科学技术的发展和振兴，带动整个经济社会的发展和振兴，这是新世纪加快实现现代化的必由之路。

（一）科技创新对推动人类社会发展的作用

从某种意义上说，人类社会发展的历史就是一部科学技术的发展史，人类社会向前迈进的每一步，都闪耀着科学技术的光芒。一方面，人类不断征服自然界的进程，推动了科学技术的进步；另一方面，科学技术的创新，为人类社会的发展提供了强有力的智力支持，成为社会生产力发展的决定性因素。随着知识经济时代的到来，科学技术对社会发展的巨大推动作用日益明显。

（二）科技创新为经济增长提供强大动力

目前，提高国民经济整体素质，加快经济结构尤其是产业结构的调整和升级，显著增强我国的经济和科技国际竞争力，都迫切要求加速科技创新和进步。发展高科技，实现产业化，是带动产业结构升级，打造高技术产业、知识产业与信息产业，大幅度提高劳动生产率和经济效益的根本途径。调整和优化经济结构，尤其是产业结构在不断调整、优化的过程中，科技创新和高科技产业化始终是最主要和最直接的基础与动力。

（三）科技创新为开发人才资源提供广阔的舞台

科技实力和国民教育水平始终是衡量综合国力和社会文明程度的重要标志，也是一个国家走向繁荣昌盛的两个不可缺少的重要方面。科技创新的关键是人才，尤其是站在世界科技发展前沿的顶尖人才。各个领域的学科带头人和创新创业领头人，在科技创新中都起着不可替代的决定性作用。大力发展教育事业，必须依靠创新，依靠科学创新、技术创新和知识创新，弘扬创新精神，培养创新能力。只有创新，才能发展新时代的教育，只有创新的教育，才能为国家培养出符合时代发展需要的创新人才，这是全面推进我国现代化事业的必然选择。

（四）科技创新为保障国家安全提供重要的支撑

与科技革命相对应，科技实力和科技创新能力已经成为国家安全的重要基础。以军事安全为核心的传统安全观，已经拓展为包括经济安全、军事安全、社会安全、生态安全和文化安全等在内的现代大安全观。在这样的背景下，科技创新、科技实力和高科技的发展水平，在很大程度上决定了各国在世界经济和政治舞台上的地位。实践表明，现代国家安全观是建立在科学技术现代化的基础之上的，用现代科技装备的经济产业，才是经济获得巩固、稳定、持续发展的基础。当前，发展与安全有赖于新兴的产业革命，有赖于知识经济对世界经济的刺激和推动，更有赖于抗风险产业担负起振兴民族经济的重任。

三、培养大学生科技创新能力的途径

（一）积极为大学生创造能够培养科技创新意识的环境

营造良好的学术氛围，使其养成勤奋学习、刻苦钻研的良好学习风气。要营造一种宽松、民主的学术氛围，建立平等的师生关系，互相交流、互相切磋，鼓励大学生积极发表不同的意见，鼓励大学生思考和提出新的观点。要淡化书本的权威，淡化教师的权威，让大学生尽情地在广阔的知识海洋里畅游，大学生只有在无"权威"束缚和民主、自由的环境中成长，才能有所创新。

（二）积极培养大学生的实验及社会实践能力

要使大学生主动、独立地发展，就要逐步提高他们的创新能力，给予大学生实践的机会。例如，增加实验指导教师的数量，及时解答大学生提出的问题；适当增加实习的课时数，使大学生能有更多的机会发现生产实践中的创新点；学校要组织大学生利用假期深入社会；学生组织与专业教师可以为大学生提供一些科研题目，让大学生有目的地到社会实践中考查自己的能力、培养自己的创新能力。

总之，培养大学生的科技创新能力，是新时期高等教育极其重要的使命，它是国家生存的需要、社会发展的需要、提高广大人民群众生活水平的需要，也是实现大学生自身价值的需要。培养大学生的科技创新能力，一定要注重其综合素质的培养。只有德、才、能全面发展的大学生层出不穷，我国的综合实力才能增强，才能巍然屹立于世界民族之林。

第二节　科学研究的原理与方法

科学研究是人们探索自然现象和社会现象的一种认识活动，它是人们有目的、有计划、有意识、系统地在前人已有认识的基础上，运用科学的方法，对客观事实加以掌握、分析和概括，揭露其本质，探索新规律的认识过程。科学研究的目的在于探索前人未知的知识，解决前人没有解决或尚未完全解决的问题。对于前人已经解决的问题或者已经取得的经验，人们通过学习可以掌握，但还有很多问题，前人没有实践，也没有经验，那么就需要人们去探索、去寻找，这个过程可以称为研究。

一、科学研究的类型

根据研究工作的不同目的、任务和方法，科学研究通常划分为以下三种类型：

（一）基础研究

基础研究是对新理论、新原理的探讨，目的在于发现新的科学领域，为新的技术发明和创造提供理论前提。

（二）应用研究

应用研究是把基础研究发现的新理论应用于特定的目标的研究，它是基础研究的继续，目的在于为基础研究的成果开辟具体的应用途径，使之转化为实用技术。

（三）开发研究

开发研究，又称发展研究，是把基础研究、应用研究应用于生产实践的研究，是科学转化为生产力的中心环节。

基础研究、应用研究、开发研究是整个科学研究系统中三个互相联系的环节，它们在一个国家、一个专业领域的科学研究体系中协调一致地发展。科学研究应具备一定的条件，如必须有一支合格的科技队伍、必要的研究经费、完善的科研技术装备，以及科技试验场所等。

二、科学研究的基本方法

科学研究的基本方法，主要包括以下八个方面：

（一）观察法

人们在探索自然界的本质和规律的过程中，总是有目的、有计划地通过观察方法获取大量的感性材料和自然信息，并加以积累、归纳与整理。同时，为了证实人们的认识和科学的发展，也需要通过观察方法在自然界中加以检验。因此，科学观察是人们获得知识的一个主要步骤。它的任务在于长期地、全面地、系统地考察研究对象，从复杂的现象中，区分出偶然和必然、个性和共性、特殊和普遍、本质和现象，从而揭示出大自然的奥秘。

（二）调查法

调查法在科学研究中是一种收集科学事实、获取感性材料的重要的经验方法之一，它是研究人员面向群众、面向现场了解情况、收集资料的一种研究方法。

（三）数学法

数学法是反映客观事物的数、关系、空间形式及其变化规律的科学研究方法。数学法是对客体进行定量研究的方法，客体不仅有质的规定，还有量的规定，只有对客体进行定量的研究，才能精确地把握客观事物的质。

（四）理想化法

理想化法是指人们在研究自然界及其发展规律时运用思维的能动作用，按照一定的逻辑规则进行推导，对客观事物进行简化和纯化，使其达到完全理想化的境界，从而揭露事物本质的一种方法。

（五）假设法

假设法是科学研究中一种广泛应用的方法，是根据已有的事实材料和科学原理，对尚未认识的一些客观现象所发生的原因及其规律作出假定性的解释。

（六）移植法

在科学研究中，经常运用其他学科的概念、理论和方法，研究本学科存在的问题，这种方法就是移植法。

（七）规划法

"规划"通常有两个含义：一个是指发展规划，如经济发展规划、科学技术发展规划、城市建设发展规划等，在这个意义上，规划是指一定时期内各项事业发展的战略目标和重大措施的设置；另一个是指数学规划，如线性规划、非线性规划、动态规划等，在这个意义上，它是指最优化技术，即在一定条件的约束下，为达到某种最佳状态，各变数之间应该保持的一定关系。

（八）信息法

信息法，就是运用信息的观点，把某个系统的运动过程当作信息传递和转换的过程，然后通过对信息流程的分析和处理，达到对这一复杂系统规律性认识的一种科学方法。

三、科学研究的一般过程

科学研究是追求知识和解决问题的活动。活动，必然涉及活动的步骤或程序。科学研究强调追求知识和解决问题的程序，因为严密的程序不仅能保证研究活动有目的、有计划、顺利地进行，也能使研究取得较为科学的结论。科学研究必须遵循什么样的研究程序呢？从认识论来看，科学研究所遵循的程序就是人类认识事物的基本程序，这一程序可以用图 5-2 来表示。

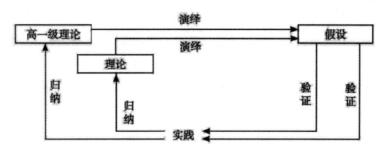

图 5-2　科学研究的基本程序

在图 5-2 中，有两个专用词汇，即归纳和演绎。归纳是指从个别的、特殊的现象中总结出事物的一般规律；演绎是指从一般规律出发，提出一些可能的假设，在实践中加以验证。科学研究活动也是一个不断归纳和演绎的循环过程。由于科学研究活动有很强的目的性，它以解决问题为目标，以形成规律为暂时的终点，所以科学研究的主要程序可以分为以下四个步骤：

（一）提出问题和建立假设

科学研究是为了解决实践中遇到的问题，这是科学研究的出发点，所以科学研究的第一步，是要提出需要解决的问题。如果你发现不了问题，提不出需要进行研究的问题，那么就谈不上进行科学研究了。针对所要解决的问题，研究者应当先对问题的结果或问题的发展变化趋势有一个大致的估计，这就是建立假设。假设就是针对待解决的问题，提出的、预先的、暂时的或尝试性的答案。假设的设置，为解决问题提出了具体的目标，整个研究活动就是在为证实这个目标而努力。这里要强调的是，假设虽然只是一个暂时的或尝试性的答案，是研究者的猜想，但由于假设是研究的起点，所以也不能无根据地胡乱设置假设。目前，也有一些研究没有十分明确地提出假设，但在该研究的前言或者结论中，研究者用论述的方式，将其研究的方向、研究可能出现的结果、事物的变化趋势等一一陈述出来，与提出假设类似，这在研究中，特别是在社会行为科学的研究中，也是行得通的。

（二）收集资料

这里所说的资料，是指客观存在的，通过各种具体研究方法获得的材料，它们可以是定性的、描述性的材料，也可以是数量性的材料，还可以是对前人研究结果的总结，这些材料为整个研究工作提供参考，还可以作为所下结论的依据。收集资料是一个活动过程，即通过调查、观察、实验和测量等具体的手段，去收集、研究所需要的有关材料的过程。收集资料的目的是用这些资料有效地验证假设。因此，收集的资料必须尽量针对所要检验的假设，而不能漫无边际地胡乱收集。在研究目的和研究假设确定之后，需要收集什么内容的资料，资料是定性的，还是定量的，都应依据研究的目的和假设来确定。

为了使收集资料的工作顺利进行，研究者事先必须制定一个研究计划。在科学研究中，所制定的研究计划被称作研究设计。研究设计的主要目的是设置一些适当的验证情景，以便使研究的事件得以出现、发生变化，使研究者能有效地进行调查、观察和测量。

（三）分析资料

分析资料就是对收集到的资料进行分类、统计处理，使资料系统化、简要化、明了化。单纯的收集资料，不能称为科学研究，因为只凭调查、观察和测量得到的资料，通常是杂乱无章的，无法直接用来验证假设或解决问题。分析资料的目的在于使资料变得有序，突出其间的规律性和内在的联系，以达到研究的目的。科学研究中的统计处理，是一门相当复杂的学问，对于不同性质的资料，处理的方式、方法也有差异。

（四）获得结论

科学研究的结论，就是通过对最初提出来的假设做过一系列的验证后，对所研究的对象或现象本身的特征、事物间的联系、影响事件发生发展的因素作出判断，也就是对事先提出的假设作出肯定或否定的结论。

获得结论是科学研究程序中的最后一步，表明这项研究工作暂时结束。结论是建立在上面三项研究程序的基础之上的，它是客观的结果，不能注入研究者个人的情绪。尽管科学研究是一项十分严密的工作，而且研究者主观上也作了相当大的努力，但难免还会有忽略和疏漏之处，所以下结论时必须坚持十分慎重的态度。如果研究结果对假设给出了肯定的回答，那么在结论中应明确地指出肯定的是哪些方面，哪些方面还存在出入，并给出实事求是的解释；如果研究结论是否定假设，那么对适用的范围、可以推广的情景都应进行说明。另外，为了对整个研究负责，在给研究下结论时，还应对研究结果的有效性、可靠性和精确度进行一些说明。

从科学研究的四个步骤中不难看出，提出问题和建立假设实际上就是前面提到的演绎过程，即从某个理论或某种设想中推演出可以验证的各种假设；而收集资料、分析资料和获得结论就是一个归纳过程，通过对事实的分析、综合和概括，归纳出事物的内在联系和规律，从而解决问题。科学研究就是这样一个不断提出问题、解决问题的循环过程，人类在此循环过程中不断总结、提高和发展。

四、科学研究能力培养的重要性

科学研究能力，简称科研能力，是指科学领域研究者都具备的一种能力，即从事具体科学研究工作的能力，主要包括创新能力、观察能力和实际操作技能等。随着社会的进步和科技水平的快速提高，人们对科研能力有了更广泛的要求，融入了许多社会人文科学的内容，其中包括组织管理能力、团结协调能力、文字和语言的表达能力等要素。作为培养人才基地的高校，尤其要明确培养大学生科研能力的重要意义，并针对自身的特点，采取有效措施，培养大学生的科研能力。

（一）有助于增强大学生的学习能力

大学生的学习能力是素质教育的重要方面和体现，而科研活动对大学生学习能力的增强有着很强的促进作用。科学研究要有扎实、丰富的基础知识和比较深厚的理论功底，这些都需要通过学习获得。参加科研活动，要求大学生具有自主性的、探究式的学习能力。大学生在学好本专业知识的同时，要不断拓展学习领域，学习邻近学科的知识，以解决知识交叉渗透的问题；对本专业领域前人的经验进行总结、归纳，充分认识本专业在社会生活中的作用；了解本专业领域最新的科研动态和专业发展前景，明确研究目标；对自己研究方向范围内的知识有着较为深刻、透彻的理解，知道自己该学习和该掌握哪些知识。大学生在树立明确的研究目标后，其学习的积极性、自觉性、主动性就会增强。在科研实践中，教师指导大学生独立进行文献查阅、实验方案设计、研究结果归纳、论文写作等一系列活动，通过全过程的尝试与摸索，大学生将慢慢体会到哪些方法是科学的，哪些方法是适合自己的，哪些方法是可以综合运用的，在不断地积累和启发中，逐步提高自己的学习能力和研究能力。

（二）有利于培养大学生的创新能力

知识经济时代所需要的高素质人才，不仅要有丰富的知识基础、较强的实践能力，还要具有较强的创新精神和创新能力。参加科研活动，有助于培养大学生的求异思维能力。学而能疑，才是思考性学习。培养大学生的科研能力，使思维经常处于活跃状态，不断思考问题，扩大思路，寻求突破，有利于创新性思维的形成；对获取的各种资料和信息，以及众多的事实或实验数据进行分析和综合，运用逻辑思维能力，将一切信息资料联系起来并思考，在新的联系中发现研究对象的新的属性，提出有一定创新意义和研究价值的问题，有利于其创新性思维的发展。

（三）有利于磨炼大学生的意志和品质

对大学生进行科研能力培养，并不是要求大学生取得多少科研成果，而是要通过科研活动挖掘他们的潜能，使他们有信心、有能力去从事科学研究，这会对大学生毕业后的工作产生深远的、积极的影响。同时，大学生参加科研实践活动也是对其品质的锻炼。科学研究是一项艰苦的工作，要求具有坚强的意志和勇于拼搏的作风，谦虚、主动、认真、严谨的态度，甘于寂寞、锲而不舍、持之以恒的精神。大学生参加科研实践活动，尽管是一种学习意义上的实践活动，但在这个过程中坚守上述品质，对于养成自觉学习、主动进取、严谨求实的学风，有着十分积极的影响。

（四）有利于提升大学生的团结协作能力

科学研究大多数时候不仅是个人的行为，而是需要一个团队共同努力协作去完成的。因此，大学生参加科研活动，可以增强其团队意识，有助于培养大学生的合作精神。在科研实践的过程中，大学生要处理各种人际关系，如与课题组成员、与指导教师等的关系，通过合作，逐渐建立起与他人友好合作的人际关系，乐于与不同风格、个性的学生和教师交往、交流，善于听取各种不同的学术见解，包括反对自己的意见。通过团队学习，大学生会树立应有的道德意识和责任心，学习、继承和发扬老一辈科学研究者的精神，学习他们献身科学、严于律己、博学修德、严谨治学的精神和作风，不断提高自身的学术道德素质和自律意识，促进自己综合素质的全面提升。

第三节　高校科研平台与大学生创新创业能力培养

高校科研平台，包括国家实验室、国家重点实验室、国家工程研究中心、国家工程实验室、国家实验教学示范中心、省部共建国家重点实验室、教育部重点实验室、教育部工程研究中心，以及其他省部级与国防重点实验室、基地、中心。高校科研平台已成为区域性科技创新体系的重要组成部分，拥有大批先进的大型仪器设备和良好的实验条件，是高校教学和科研工作的基础和载体，也是人才培养和开展科技创新的重要基地。

目前，普遍存在的问题是，各高校科研平台主要是为科研和培养硕士、博士等高层次人才服务的，与本科教学和本科生的人才培养几乎完全脱节。针对高校科研平台未向本科生开放的现状，为充分发挥高校科研平台在本科生创新创业能力培养中的作用，将重点实验室等科研平台建成创新人才的培养基地，提升本科生的创新创业能力，要探索科研平台自身开放模式与共享利用方式，提出系统的和具有可操作性的共享利用机制，并在工作中进行实践和不断完善。

一、高校科研平台的利用现状

国外的一些大型仪器设备可通过电子邮件和 WEB 方式进行预约使用，不少西方国家的大型仪器设备利用率高达 170%～200%。我国拥有科学仪器设备的数量比欧盟 15 国的总量还多，但一方面，许多仪器设备的利用率不到 25%，甚至更低；另一方面，在本科教学和人才培养中没有利用这些优势资源，人才培养仍停留在教学实验室环节。通过调研可知，高校在创新型人才培养的过程中，本科生缺乏真正接触和参与高水平科研的机会是普遍存在的问题。

相关主管部门要求各高校要加强虚拟仿真实验室、创业实验室和中心的建设，促进科研平台的共享，并明确提出各高校科技创新资源要向全体在校生开放，开放情况纳入各类研究基地、重点实验室的评估和考核标准，鼓励各地区、各高校充分利用各种资源，建设大学生创业基地和创业教育实践平台。但目前，关于高校科研平台开放模式与共享机制方面的研究，仍处于较落后的水平，现有研究水平及模式无法充分发挥高校科研平台在本科生创新创业能力培养中的作用。

通过前期调研及文献查阅可知，目前，国内大多数高校科研平台对本科生均有一定的开放政策，但主动开放的程度不够，共享程度有限，科研平台自身的开放共享模式与机制也不够成熟，制约了科研平台向大多数本科生开放的发展需要。此外，各高校已充分认识到了人才培养中对大学生进行创新创业能力培养的重要性，但要推进教学与科研的有机结合，加强对大学生创新创业意识和工程实践能力的培养，就要把科研平台作为创新创业人才培养的重要基地，利用科研平台的人才优势和设备资源优势，采取教学与科研相结合的方式，开阔学生的眼界，满足大众教育背景下精英教育的需要。

目前，关于高校教学实验室在创新创业人才培养中的利用机制的研究较多，高校对科研平台在本科生创新创业能力培养中的重要性认识还不够，相关研究成果也较少。高校科研平台面向本科生开放模式方面的研究不够系统，也不成体系；设备资源共享方面的研究针对性不够，可操作性不强。缺乏针对本科生创新创业人才培养需求的科研平台共享利用机制的相关研究，需研究和改革科研平台的开放模式与共享机制；为充分发挥高校科研平台在本科生创新创业能力培养中的作用，将高校科研平台建成真正的创新人才培养基地，提升本科生的创新创业能力，应积极构建依托科研平台培养本科生创新创业能力的体系与实践平台，研究基于科研平台校企合作背景下的创新创业能力培养模式，以及大型仪器设备在本科生创新创业能力培养中的共享利用方式，提出系统的和具有可操作性的共享利用机制，并在工作中进行实践和完善。

二、利用高校科研平台培养大学生创新创业能力的方式

目前，各高校的本科生基本没有享受到科研平台的资源，与高校高素质创新人才的培养目标有一定的差距。很多高校都提出了建设教学研究型大学，培养具有竞争力的高素质创新人才，但实施过程中却缺乏行之有效的手段，教学与高层次实践的联系不够紧密，创新创业型人才的培养无法走出模式化的壁垒。科研平台在本科生创新创业能力培养中的利用，能有效破解这一瓶颈。

（一）改革科研平台自身开放模式与管理模式

在开放科研平台的过程中，需改革高校科研平台的运行机制和管理模式，充分发挥科研平台在本科生创新创业能力培养中的作用，培养大学生的创新创业意识；利用互联网等手段，拓宽科研平台资源共享渠道的实施方式；充分发挥与联合组建单位的合作，提升科研平台的资源共享和开放能力；解决共享过程中资源最大化利用的协调和效果提升；做好科研平台面向本科生开展成果展出、大型仪器设备展示等活动，以营造良好的创新氛围。通过实践，本科生能更好地了解科研平台的先进设备和研究工作，并主动来实验室学习和交流。

（二）构建依托科研平台培养本科生创新创业能力的体系与平台

在实践中，应探索科研平台培养本科生创新创业能力的模式与体系，如依托科研平台构建"教师科研—课堂教学—科技竞赛"三位一体的互动模式与体系，培养本科生的创新创业能力、实践能力和科研素质，提高大学生的培养质量和竞争力；利用科研平台，

为本科生参加各种专业竞赛和科研活动（如"挑战杯"中国大学生课外科技作品竞赛和创业计划大赛、大学生研究性学习和创新性实验计划项目、优秀创新试验成果申报等）提供实践平台；依托科研平台的优势资源，建立学生科技社团，以社团活动为载体，培养大学生的创新创业能力；在科研平台上设立"创业园区"，启发大学生的创业思路，拓宽大学生的创业视野，培养大学生创业的基本素质和能力。

（三）建立基于科研平台校企合作背景下的创新创业能力培养模式

根据《国家中长期教育改革和发展规划纲要（2010—2020年）》对创新创业型人才的培养要求，创立高校与科研院所、企业联合培养人才的新机制。而高校科研平台一般由校企联合组建，如长沙理工大学交通运输工程学院的公路养护技术国家工程实验室，是与湖南省高速公路建设开发总公司、中联重科股份有限公司、广东省长大公路工程有限公司、湖南省交通科学研究院联合组建的，具有高校、企业、科研院所强强联合的优势，所在单位的省级协同创新中心及交通运输部协同创新平台，同样是由多家单位联合组建的，是具有较强的研究开发和技术辐射能力的，以高等院校、科研机构、大企业为依托的"产、学、研"联合体。通过合作开展研究，创新人才培养模式与知识体系，以实践创新落实交叉培养、联合育人和产学研合作模式，建立突出创新能力和创业能力的培养机制。

在工作中，可基于科研平台的校企合作背景，创新人才培养模式与知识体系，探索交叉培养、联合育人和产学研合作模式下本科生创新创业能力培养的实施方式，激发大学生的创新创业意识；注重大学生的独立思维塑造、学习能力提升、国际视野开阔和奉献精神养成，促进科学研究与人才培养的深度融合；建立高校向科研院所、企业输送实习人员的长效机制，建立突出实践能力和创新创业能力的培养机制。在实践中，可让卓越班的大学生或经过选拔的优秀本科生毕业生利用这种合作模式和群体资源优势进行实践，通过实践，完善基于科研平台校企合作背景下创新创业能力培养模式的改革实施方案。

（四）发挥大型仪器设备在本科生创新创业能力培养中的作用

为充分发挥大型仪器设备在本科生创新创业能力培养中的作用，可依托高校科研平台拥有的大型仪器设备和可以开展的实验项目，筛选适宜本科生创新创业能力培养的实验项目，通过网络平台、课堂、讲座等形式，向本科生传授实验项目的原理及内容；通过受众面为全体本科生的虚拟仿真实验技术和受众面为部分本科生的实验选修课程、学术交流与讲座等方式，实现大型仪器设备在本科生创新创业能力培养中的共享利用，从理论和实践方面，提升本科生的创新创业能力，促进大型仪器的资源共享和跨学科的交叉。在工作中，需探索大型仪器设备虚拟仿真实验的设置内容和方式，以及实验选修课程的培养目标、设置内容和考核办法等，并考虑在课程中增设实践活动环节，从而提高本科生的创新创业与实践能力，促进高校的实践教学改革。

参 考 文 献

[1]程智勇. 大学生创新创业素质培养与能力提升[M]. 成都：西南交通大学出版社，2021.

[2]耿丽微，赵春辉，张子谦. 高校大学生创新能力培养与创业教育研究[M]. 成都：电子科技大学出版社，2017.

[3]公丕国，张莉莉，毕洪丽. 大学生创业与就业指导[M]. 北京：北京理工大学出版社，2019.

[4]江小卫. 新编大学生就业指导与创业教育[M]. 成都：电子科技大学出版社，2016.

[5]姜国权，姜福佳，董保华. 大学生就业指导[M]. 北京：中国水利水电出版社，2020.

[6]彭军，谭军，刘义. 大学生职业生涯发展与就业创业指导[M]. 北京：北京理工大学出版社，2019.

[7]石洪发. 大学生就业指导与创业教育[M]. 北京：北京理工大学出版社，2020.

[8]万生新，姬建锋. 大学生创新创业教育[M]. 西安：陕西人民出版社，2019.

[9]王春明，王伦超，莫光政. 高等教育发展新走向——经济管理类大学生创业能力培养研究报告[M]. 北京：中央文献出版社，2009.

[10]王帆. 推动实践与创新创业能力培养[M]. 昆明：云南大学出版社，2020.

[11]王宏. 高校大学生创新创业能力培育研究[M]. 长春：吉林人民出版社，2017.

[12]王君，徐鹏，赵玉真. 大学生创新创业与就业指导教程[M]. 成都：电子科技大学出版社，2019.

[13]王丽萍. 大学生职业规划与就业创业指导[M]. 上海：上海交通大学出版社，2019.

[14]王攀，孟佳，杜鹃. 中国梦视阈下的大学生创业能力培养与实践研究[M]. 北京：地质出版社，2016.

[15]王清春，孙景福，王国辉. 大学生职业生涯与发展规划[M]. 天津：南开大学出版社，2019.

[16]王元福. 大学生就业创业教育[M]. 北京：北京理工大学出版社，2020.

[17]吴国君. 大学生创业能力培养[M]. 长春：吉林人民出版社，2019.

[18]谢飞. 大学生就业指导与创业教育[M]. 北京：北京理工大学出版社，2018.

[19]许文刚. 大学生创新创业训练与实践指导[M]. 北京：北京理工大学出版社，2020.

[20]颜廷丽. "互联网＋"背景下大学生创新创业能力培养研究[M]. 北京：北京理工大学出版社，2020.

[21]杨乐克. 大学生生涯规划与自我管理[M]. 北京：北京理工大学出版社，2020.

[22]杨秀冬. 当代高职大学生创新创业能力培养研究[M]. 北京：九州出版社，2018.

[23]张翠凤. 大学生创业素养教育与能力培养课程体系研究[M]. 天津：天津科学技术出版社，2018.

[24]张晓蕊，马晓娣，岳志春. 大学生创业基础[M]. 北京：北京理工大学出版社，2019.